新装版

親鸞の宿業観

歎異抄十三条を読む

廣瀬　杲

法藏館

親鸞の宿業観　目次

本文と意訳

第十三条を読む……九三

本書は平成八年（一九九六）年刊行の第三刷をオンデマンド印刷で再刊したものである。

『歎異抄』第十三条

i

（本　文）

弥陀の本願不思議におわしませばとて、悪をおそれざるは、また、本願ぼこりとて、往生かなうべからずということ。この条、本願をうたがう、善悪の宿業をこころえざるなり。よきこころのおこるも、宿善のもよおすゆえなり。悪事のおもわれせらるるも、悪業のはからうゆえなり。故聖人のおおせには、「卯毛羊毛の

（意　訳）

阿弥陀の本願は不思議な救いのはたらきであるからというて、どんな悪でも気にかける必要はないのだと決めているのは、これもまた本願のはたらきに甘えて付け上がる、いわゆる本願ぼこりの邪義であって、そういうことではけっして往生することは不可能であると、このように主張をする者があるが、こうした主張は、阿弥陀の本願の絶対の救いを疑っていることであり、同時に自らの善も悪も、その一切が宿業の因縁の催しであるという事実を心得尽くしていないものなのである。よ

さきにいるちりばかりもつくるつみの、宿業にあらずということなしとしるべし」とそうらいき。

また、あるとき「唯円房はわがいうことをば信ずるか」と、おおせのそうらいしあいだ、「さんぞうろう」と、もうしそうらいしかば、「さらば、いわんことたがうまじきか」と、かさねておおせのそうらいしあいだ、つつしんで領状もうしてそうらいし

い心が起こってくるのも宿業因縁の催すからであり、悪いことを思ったりなしたりしてしまうということも、悪い宿業因縁の作用にほかならないのである。だからこそ亡き親鸞聖人は、たとえウサギや羊の毛の先についているちりほどのことでも、すべて自分のつくる罪の宿業因縁による以外のなにものでもないということを深く自覚すべきであると教えてくださったのではないか。

またあるとき、聖人が、唯円房よ、あなたは私の言うことを信じるかとおっしゃったので、即座に言うまでもなく信じますとお答えをしたところ、聖人は、それならば私の言うことならどのようなことでも背かないかとたたみかけるように重ねておっしゃったので、かならず背きはいたしませんと謹んでお受けしたところが、聖人は、たとえば千人の人を

かば、「たとえば、ひとを千人ころしてんや、しからば往生は一定すべし」と、おおせそうらいしとき、「おおせにてはそうらえども、一人もこの身の器量にては、ころしつべしとも、おぼえずそうろう」と、もうしてそうらいしかば、「さてはいかに親鸞がいうことをたがうまじきとはいうぞ」と。「これにてしるべし。なにごともこころにまかせたることならば、往生のために千人ころせといわんに、すなわちころすべし。しかれども、一人にてもかないぬべき業縁なきによりて、害せざるなり。わがこころのよくて、ころさぬには

殺してきたらどうか。そうすれば往生はまちがいないよと言われた。そのおことばを聞いて、とっさに、おことばではございますが、この私の力量では一人の人を殺すことさえもできないとしか思えませんとお答えをしたところが、親鸞聖人は、それならばどうしてこの親鸞の言うことには背かないなどと言うたのかとおっしゃって、このこと一つでも思い知るがよい。どのようなことでも、自分の思いのままにできるのであるならば、往生するために千人の人を殺せと言われたら、ただちに殺すことができるはずではないか。しかし一人でも殺すべき宿業因縁が催さないかぎりは、殺害することはできないのである。これはけっして自分の心がよい心だから殺さないのではない。また反対にけっして殺害はすまいと思ったとしても百人、千人を殺すという

あらず。また害せじとおもうとも、百人千人をころすこともあるべし」と、おおせのそうらいしは、われらが、こころのよきをばよしとおもい、あしきことをばあしとおもいて、願の不思議にてたすけたまうということをしらざることを、おおせのそうらいしなり。

そのかみ邪見におちたるひとあって、悪をつくりたるものを、たすけんという願にてましませばとて、わざとこのみて悪をつくりて、往生の業とすべきよしをいいて、ようようにあしざまなることのきこえそうらいしとき、御消息に、「くすりあ

こともあるかもしれないのだよとおっしゃってくださったのは、私たちが自分の心がよいからよい行いをして、往生できるのだと思ったり、悪いことをすれば、それを往生の妨げになることだと考えたりして、すべてが阿弥陀の本願の不思議なはたらき一つでお救いくださるのだという絶対の救済の事実を深くうなずいていないことの愚かさを知らせようとしておっしゃってくださったのである。

ところがかつて邪な考えに執着する人があって、悪業を積む者を助けるのが本願なのだといって、ことさらに悪いことをすることをもって往生するための行為とすべきだなどというて、さまざま悪いうわさが世間に立ったことがあった。そのとき聖人は、お手紙で、薬があるからというて毒を好んではいけないとおさとしになったのは、こうした邪な執着

ればとて、毒をこのむべからず」と、あそばされてそうろうは、この邪執をやめんがためなり。まったく、悪は往生のさわりたるべしとにはあらず。「持戒持律にてのみ本願を信ずべくは、われらいかでか生死をはなるべきや」と。かかるあさましき身も、本願にあいたてまつりてこそ、げにほこられそうらえ。さればとて、身にそなえざらん悪業は、よもつくられそうらわじものを。

また、「うみかわに、あみをひき、つりをして、世をわたるものも、野やまに、ししをかり、とりをとりて、いのちをつぐともがらも、あきないい

心をとめようとされておっしゃったことなのである。けっして悪が往生の障りになるなどと言おうとなさったのではないのである。

戒律を守らなければ本願を信ずることができないということであるなら、私たちは、どうして生死の苦しみから救われることができようか。このようなあさましい身であっても、本願に遇うことができたからこそ、本願のありがたさを知り、誇りに思うこともできるのである。とは申せ、わが身に備わっていない悪の所行などは行うことができようはずもないではないか。

また聖人は、海や川で網を引き、釣りをして世渡りをする者も、野や山で鳥や獣を狩りして日暮らしをし、その日その日のいのちをつないで生きている者も、また商いをしたり、田畑を作って過ごしていく人も、すべて平等

をもし、田畠をつくりてすぐるひとも、ただおなじことなり」と。「さるべき業縁のもよおせば、いかなるふるまいもすべし」とこそ、聖人はおおせそうらいしに、当時は後世者ぶりして、よからんものばかり念仏もうすべきように、あるいは道場にはりぶみをして、なむなむのことしたらんものをば、道場へいるべからず、なんどということ、ひとえに賢善精進の相をほかにしめして、うちには虚仮をいだけるものか。願にほこりてつくらんつみも、宿業のもよおすゆえなり。さればよきことも、あしきことも、業報にさしまかせて、

である。そうなるべき宿業因縁が催すならば、どのような振る舞いでもするものであると教えてくださったのに、今日ではさも信心深いものであるかのように、善人ばかりが念仏者となれるのだとして、念仏の集会の場、集会場に何々のことをした者は入場を禁ずという ような掲示をしたりしているということだが、これはひとえにうわべは賢善者、賢い者として道を求めているような装いをして、内心の偽りの心を隠している者というべきではないか。思えば本願に甘えて造る罪の行いでさえも、宿業因縁の催しである。そうであればこそ、善、悪のすべてを宿業因縁の報いに任せて、ただ一筋に阿弥陀の本願に帰依してこそ、他力の信心なのである。

ひとえに本願をたのみまいらすればこそ、他力にてはそうらえ。

『唯信抄』にも「弥陀いかばかりのちからましますとしりてか、罪業の身なれば、すくわれがたしとおもうべき」とそうろうぞかし。本願にほこるこころのあらんにつけてこそ、他力をたのむ信心も決定しぬべきことにてそうらえ。おおよそ、悪業煩悩を断じつくしてのち、本願を信ぜんのみぞ、願にほこるおもいもなくてよかるべきに、煩悩を断じなば、すなわち仏になり、仏のためには、五劫思惟の願、その詮なくやましまさん。本願ぼこりといましめらるる

『唯信鈔』にも、阿弥陀にどれほどのお力があろうとも、このような罪の所行しかできない身では救われることなどあり得ないなどと思ってはいけない。そのように思うということは、阿弥陀の絶対の救いということをどのように考えているのだろうか、と書かれているではないか。本願に誇る心のあるような者なればこそ、絶対他力に帰依しきる信心もしっかりと定まるとさえ言うべきであろう。おおよそ悪業や煩悩を消し尽くしたうえで本願を信ずるのであるならば、本願を誇る心も起こらないであろうが、それでは実はつじつまの合わないこととなるであろう。煩悩を断じ尽くせばただちに仏である。そのような仏のために阿弥陀が深く長い思案の果てに本願

ひとびとも、煩悩不浄、具足せられてこそそうろうげなれ。それは願にほこらるるにあらずや。いかなる悪を、本願ぼこりという、いかなる悪か、ほこらぬにてそうろうべきぞや。かえりて、こころおさなきことか。

を立てられたとしても、なんの所詮があろうか。その意味からいえば、他人を本願ぼこりだと非難する人にしたところで、不浄の身として、煩悩を具足しておられるようではないか。そうであるならば、すべての人々は、同じように煩い悩むいのちを生きているのであるから、本願に甘え、誇っているのではないか。そうだとすれば、いったいどのような悪が本願に誇るもので、どんな悪がそうでないというのであろうか。このようにみてくると、本願ぼこりを非難する人々の心こそ、まことに思慮の浅いものと言わねばならない。

親鸞の宿業観

宿業の課題

宿業の問題点

第十三条の本文に入るに先立って、いくつかの問題点を挙げてお話ししていこうと思います。まず第一は、宿業ということです。みなさんがたは、宿業ということばを聞いて、なにをお感じになるでしょうか。

このごろはだんだん聞かないようになってきましたけれども、それでもまだなんか不幸に出会いますと、「前世の種まきが悪かったのですかな」ということを言うでしょう。しかしみなさん、前世に種をまいたことを覚えておられますか。ですから、前世の種まきが悪かったと言われる人に、前世にどんな種をまいてきたか説明してくれと言ったら、説明もなにもできるものではないでしょう。しかし、やはりそういうことばで宿業という教えが伝わっていることはまちがいないのです。やはり「前世の種まきが悪かったからいまこういう報いを受けるようになったのですね。だからあきらめなければしかたがありませんね」、こうなっている部分が大きいのではないでしょうか。

あるいは自分自身の反省を人に語るとき、「私は業の深い人間でして」、こうおっしゃるかたがおられます。ところが、業が深いとはいったいどういうことですかと逆に私が聞き直しますと、「いや、それはようわからんけれど、なんやしらんが業が深いような感じがするように教えられてきた」ということになっているのではないでしょうか。

そんなことばを拾い出すときりがないのですけれども、極端なことになりますと、中風になったり、心筋梗塞で倒れたようなときにも、「こんな業病にかかりまして」、こう言われるお年寄りがよくおられます。どうして中風は業病で、風邪は業病と違うのでしょう。考えてみるとやはりおかしいでしょう。おかしいと思うのが普通で、そう思うのが健康なのではないでしょうか。中風は動けないから業病で、風邪は、万病のもとだとは言うものの、ウイルスの感染で大したことはなく、すこし暖かくして卵酒でも飲んでいれば治るから業病ではないということなのでしょうか。

一事が万事というていいほど、業とか宿業ということばは曖昧な使われ方をされることばです。しかしそれによって自分で自分を説得しなくてはいけないというような感覚が、あまりにも長く続き過ぎたのではないかという気がします。浄土真宗の教えを、ほんとうにお聞きになっているかた、徹底して聞き込んでおいでになるかたは、明るいです。その人の生活、その人の起居が軽やかです。蓮如上人の『蓮如上人御一代記聞書』三一三の中に「世間・仏法、ともに、人は、かろがろとしたるが、よき」ということばがあります。仏法も、世間のいろいろなことについても、重たい気もちで、額に縦じわ寄せているのがいいのではない。仏法も世間のことも、みなかろがろとした心でうなずいていくのがいちばんいいことだというふうに蓮如上人は言われているのです。そのように「かろがろとしたるが、よき」と蓮如上人は教えてくださっていますけれども、実際には、なんかお寺へ来る人は暗いですね。暗いというか、なんかもうひとつ晴れない顔をしている。もう一歩突っ込んで申しますと、あまり晴れやかな顔をしているとまずいのではないかという感じを持っておられるのではないかとさえ思えるくらいです。

ある人がこんなことを言われました。その人は、「私が酒を飲んで歌を歌うのは、酒が歌を歌うので、私が歌を歌うのではありません」と言い訳しなければならないほどよく酒を飲んで、歌を歌って歩く人なのです。ところがあるとき、こういうことを私に言ったことがある。

「お寺参りしているときには暗い顔している人が、うちの店へ来てくれると、えらい明るい顔をして、酒を飲んで、陽気に歌を歌っておって、あれどうなっておるのでっしゃろか。お寺というところは人助けるところでっしゃろ。助けるところへ行って、暗い顔してきて、こういうところへ来て明るい顔している。あれどうなっておるのでっしゃろ。さかさまと違いますか」

と言いました。

お寺へ行ったり、あるいは仏法を聞くということを通して、その人がもともと持っている暗いものがどこか薄紙をはぐようにはげていって、その人の心の中に明るいもの、そして温かいものがただようというのが救いということでしょう。ところが救いといっても、人間が暗くなることだとすれば、これは救われないほうがいいのではないでしょうか。

ということは、暗くなるというのはやはり救いではないということでしょう。普通暗くなって当然だとひとさまが言うような、そういうことに縁あって出会っても、その出会ったことを、ほんとうに泣きながらも、泣いている涙それ自体にどこやら明るさがある、そんなことをはっきりしていかなければいけないのでしょう。親鸞聖人は、当時の社会にあって最底辺に生きる人たちと生活をともにして、ほんとうに死ぬか生きるかの毎日を送られました。『歎異抄』に「うみかわに、あみをひき、つりをして、世をわたるもの」と言われていますけれども、ほんとうに板子一枚下は地獄という生活をしている人たちとともに生きられたのです。板子一枚下は地獄というのは、漁師にとってはあたりまえだとおっしゃるかもしれませんけれども、親鸞聖人がこういうことをおっしゃるときの板子一枚下は地獄というのは、ほんとうに地獄なのです。

「漁師殺すに刃物は要らん、しけの三日も来ればいい」といいますが、漁師の命を断つには刃物は要らない。大しけが三日か四日続いたら、それでもう飢え死にしてしまうということです。いまから七百年前に越後、関東で漁師をしている人たちにとっていったいどんな生活があったのかと申しますと、しけの三日も四日も続くようなときには、しけが続くから船は出せないといって安閑としているわけにはいかなかったのでしょう。自分と自分の家族みんなが食べていかなくてはならないのです。ですから、しけの中でも九死に一生を得ることができるかできないか保障がなくても、家族が飢え死にしてしまいますから、船出していかなくてはならなかった。大黒柱の御主人を見送る家族が、「お父さん、きょうはこんなお天気だから、もう船を出すのをやめてくれ」と、ようとめなかっただろうと思います。死ぬか生きるかわからないことを承知で漁に出ていってもらわないと、一家心中しなければならないという状態を生きていたと思います。毎日そんな生活でしたら、その人たちが暗い顔をしていてあたりまえだと思います。その人たちをより暗い心、暗い顔にしていくのであったならば、救いどころでなくて、ただでさえ救いから遠いと思われる生活をしている人たちを、もうひとつ輪をかけて苦しめていくことになるでしょう。

ところが親鸞聖人は、はっきり、

五濁悪世の有情の　選択本願信ずれば
不可称不可説不可思議の　功徳は行者の身にみてり

とおっしゃっておられます。五濁悪世のただ中に生きている生きとし生けるものが、選択本願、阿弥陀の本願を信ずる身になると、不可称不可説不可思議という功徳が、その信ずる行者の生活に満ち満ちてくると言い切っておられます。もしそれが暗い顔をすることだということならば、親鸞聖人は大うそつきになります。だとすると、その当時そういう生活をしている人たちが、その生活の在り方を変えるということはできなかったかもわかりませんけれども、そういう生活の中でたくましく生き切っていくという底力を一人一人がきちっと心の中に持ち、それを体で表現できるような、力強い人生を生きる人間に、その人たち一人一人がなったに違いない。そうでなければ、「功徳は行者の身にみてり」ということが、親鸞聖人のはったりとなってしまいます。

はったりではないということから『歎異抄』の編者は「念仏者は、無碍の一道」だと言い切ったのでしょう。あのことばの背後には、『歎異抄』を書いた一人の人ではなくて、たくさんの漁師とか商人とか農民とか、そういう人たちがいて、その人たちが「ああ、そうだ、そうだ」と言っている声が聞こえるような気がするのです。「念仏者は、無碍の一道」だというひと言は、念仏申す身になることによって、さわりのない一道を生き抜いていく人間になれるという親鸞聖人の教えを伝えてくれています。そしてそういうことばにはやはり親鸞聖人の教えを聞いて、「ああ、そうだ」とうなずいて生き抜いた人たちが何百人、何千人といたに違いない。そうするとその人たちは、けっして暗い顔をしていたはずはないと私は思うのです。

そういう意味で、浄土真宗のお救いということが宿業ということを中心としながら、人間にかかわって二つの面でかなり人間の救いの内容を過たせてきたのではないかという気がしてならないのです。それはひと言で申しますと、いま生きている現世は宿業の報いであり、宿世の業の報いだから、しかたがないとあきらめて生きていくべきである。そのあきらめて生きていくことの中でお念仏を申していくことによって、やがて命終わって、お浄土へ生まれることができる。こういうことでいちばん大事なこの世がおるすになってしまったのではないでしょうか。だいたい過去、現在、未来の三世と申しますけれども、私たちは三世ということの持っている意味をもっと確かめなければいけません。三世が実際に私たちにわかるのはいつですか。過去でしょうか。過去といっても、生まれてきてから後、きのうとか一年前のような過去はわかりますよ。しかし生まれてくる前の過去はわかりますか。これはわからないのがあたりまえであって、わかるほうがおかしいと思います。そうすると生まれてくる前の過去がわかるというようなこと、あたかもそれがほんとうであるかのように主張されてくるということが、現在に影をさすことになるのです。わからないものがいま生きている事実に影をさしてくる。これは当然であって、どうしてもそうなります。

では未来はわかりますか。あしたのこともわからない人間に、死んでからのことがわかりますか。わかる道理がないでしょう。そうするとやはり仏法というのは、はっきり申しておきますけれども、特に親鸞聖人の教えというものは、道理、法則にかなわないことはひと言もおっしゃっていない。これだけはきちっと腹の中に収めておいていただきたいのです。

若くして住職になられたかたが、住職披露の法要のときにあいさつを兼ねて御門徒の人たちにお話をするということになった。その若住職というのは仏法をきちっと聞いておられた人だったので、「うちの若さん、こんど御院さんになったけれども、どんな話をしてくれるか」と、御門徒の人たちは楽しみにして期待していたわけです。そうしたら、パッパッと出ていって、頭を下げて、「犬が西向きゃ尾は東。おしまい」と言って、それで下がっていってしまったそうです。

あれはいったいなんの話やということになったそうですけれども、あとからよく考えてみると、そういうふうな道理しか親鸞聖人はおっしゃらないということなのだなと、あとからだんだんわかってきたということです。犬が西向いて、尾も西向いているというようなことは、あり得ようはずがない。ところが案外あり得ようはずのないことが、宗教という名のついている事柄ではあり得るというふうに主張されているのです。その例をあげろといわれたら、いくらでもあります。その意味で宗教というものは、ほんとうに危険なのです。はっきりいいまして、その一点を過ちますと、宗教はないほうがいい。しかしほんとうのことが明らかにされていくものが宗教であるならば、宗教がないと、こんどは人間が成り立たないのです。ここのところで親鸞聖人の教えをどう聞くかというのが勝負どころとなるのです。そういう意味では、ほんとうに「犬が西向きゃ、尾は東」ということしかないのです。そのように道理にかなったことしか親鸞聖人はおっしゃっておられない。表現がどれほどわかりにくいとしましても、道理にかなったことしか親鸞聖人はおっしゃらないし、道理にかなわないかぎり人間に救いはないということも明らかなことなのです。道理と違う形で救われようとしても、これは無理ということです。ところがその無理を人間は要求したがるのです。

残酷なものの言い方になるかもしれませんし、ひとさまのことを例にして話しますと、かえって差し障りがあるかもしれませんし、感情を逆なでするということになるかもしれませんから、自分のことを例に出して言います。私は、父親が一歳で死にまして、母親と別れたのが十三歳です。兄弟もいたのだそうですけれども、結局全部死んでしまいまして、私は一時期まさに天涯孤独という状況を生きていました。そんなとき、自分と同じ十三歳ぐらいの子どもが、両親に手を引いてもらったり、あるいは両親といっしょにどこかへ行く様子を見たりしますと、やはりうらやましい思いがしました。そのうらやましいと感じた思いというのは、案外大人になっても消えないものです。そして自分の不幸の理由をみなそっちへ押し付けて、親がいないのでこうなっているのだと考えてしまうということがあります。そしてさらにもう一つは、親をもういっぺん取り戻せるような形で、救いというものが自分のうえに成り立ってこないものかなという夢のような期待を持つものです。そういう期待に対して、「その救いはありますよ、それはこういうものですよ」というふうにかかわってくるのが、宗教という名で呼ばれているものにはずいぶんあるようです。そのように道理に反するようなことが、宗教という名の救いの内容としてわれわれに語られてくることが多いのです。それに対して親鸞聖人の教えは、たとえどんな表現で語っておいでになっても、道理にかなわないものは救いの内容とはならないということを明らかにしておられる。救いの内容となるものは道理にかなっているものであって、それ以外はなんにも救いの内容とはならないというのが親鸞聖人の浄土真宗なのです。それが浄土真宗であるにもかかわらず、浄土真宗の中の一つのかなめといってもいい宿業という教えが、実は親鸞聖人の道理にかなった了解とは違うところで受け止められているのではないでしょうか。

昔私らの子どものころ、見せ物というのがありました。村の小さな鎮守さまのお祭りなんかに見せ物小屋というのがよくかかったものです。私の記憶にも残っているのですから、私ら以前の時代を生きた人たちにとっては、そういう見せ物というのは一年の中の一回限りの行事として待遠しい、楽しみ事であったのかもしれません。その見せ物の中で、私の記憶に残っているものに、顔は完全に大人ですけれども、体は完全に子どもというのがあります。あるいは両手両足のない人が芸をするというのもありました。

そしてそのときの口上というのはだいたい決まり文句がありまして、「親の因果が子に報い」ということになっていました。私は、そんなことにまで浄土真宗の教えが影響しているとはよう言い切りません。言い切りませんけれども、浄土真宗の宿業の教えがそのあたりにまで影響を及ぼしていたのではないかという感じがぬぐえないのです。ところが、顔は完全に大人だけれども、体は子どもであるというのは、実は造られた人間なのです。子どもをさらっていって、鋳型にはめて育てれば、体は大きくならないで顔だけ大人になっていきます。そのように人工的に、人間の手を加えて身体障害者を造っていったわけです。そしてそれを見せ物にしてお金を取っていたのです。

あるいは両手両足のない女性に芸をさせるというのも、両手両足を切って、そして芸をさせたのです。

そんなことできるかとおっしゃいますか。おっしゃるかおっしゃらないかしりませんけれども、できるかというふうにお考えになるのだったら、いちばんわかりやすい、わかりやすい、これも困るのですけれども、中国では美人、昔ですよ。現在の革命後の中国ではありませんよ。それ以前の中国、それ以前の中国では足の小さいのが美人とされていました。纏足といって、だから小さい子どものころから大きい靴を履かせないで、小さい靴を履かせていたのです。したがって大人になっても足だけは子どもの大きさしかない。だからまともに歩けない。そういうことができたのですから、それはいま言ったるま娘を造るぐらいのことは、そんな困難なことではありません。そしていまのような体が小さくて、顔だけが大人だという人間を造ることもできたはずです。このように全部人工的に身体障害者を造ってきたのです。その人間の力で不幸へ落とし込まれた人たちを、普通の人たちの前へ見せ物として出していた。ところが、そのときの口上というのは、「親の因果が子に報い」ということになっていたのです。

このように、人間が作ったものであっても「親の因果が子に報い」というように、個人の宿業の問題にしてしまっているのです。

作り出された差別

同和問題ということばで学校教育の現場などでも教育されていることがありますね。いわゆる被差別部落と呼ばれる聚落にいる人たち、その人たちを排除し差別していくということの中にも、実はこれと同じようなことがあるのです。徳川時代に徳川幕府が国を治めていこうとするときに、被差別部落のもとをつくってきたということがあるのです。そのように、被差別部落に対する差別というのは、人工的に作り出されたものなのです。

話はすこし前後しますけれども、一向一揆というのがありました。いわゆる戦国動乱の時代、蓮如上人の時代に、浄土真宗の御信者の人たちが侍大将を相手に一揆を起こした。その代表が加賀の一向一揆です。富樫政親という侍大将が加賀を治めていたのですけれども、その富樫政親と戦い切腹にまで追い込んだのです。そして十年の間浄土真宗の門徒の自治区をつくったということがあるのです。これは日本が治世国家になってからは、初めてのでき事だそうです。いわゆる百姓のつくりたる国、百姓のたもちたる国というのが、十年続いたのです。

それからあとに、蓮如上人が現在大阪城のある所に石山坊舎を建てられました。それが後に石山本願寺となるのです。その石山本願寺を織田信長が攻めます。ところが攻めて攻めて攻めまくる戦いが十年続いたのですが、どれだけ攻めても、石山本願寺はついに落城しなかったのです。だから頼山陽という詩人が、抜き難し南無六字城という、そういう漢詩を作っているのです。南無阿弥陀仏の六字の城は、とても武力や財力で押しつぶすことはできないということをたたえた詩です。そのときにその石山本願寺をずっと守ってきたいちばん根っこにあるものはなんであったのか。その当時もっとも力の強かった織田信長が、ついに攻め切れなくて、石山本願寺をつぶせなかったのはなにが理由であったのかといったら、本願寺というお寺の根っこに御信心の力があったからなのでしょう。

戦国時代を生き抜いて最後に残ったのが、言うまでもなく徳川家康です。その徳川家康が徳川の治世を三百年続ける基礎を作ったわけです。実は、そのときに作られたのが穢多、非人と呼ばれる最底辺の身分制度であったわけです。

徳川家康が、全国を治めて徳川幕府の体制をつくったときに、戦乱のない国として、一つの体制で治めていこうと考えたのが徳川の幕府体制です。

そのとき徳川幕府は、鎖国政策をとりました。そのようにして外との関係を断ったことから、日本は自給自足をしていかなくてはならない国になったのです。外国からお米が入ってくるとか、食べ物が入ってくるとかいう、輸入輸出の関係は断ち切ってしまったのですから、どうしても日本の国で自給自足できる生活体制というものを保たなくてはいけないことになったのです。

そうなりますと、日本人というのは農耕民族ですから、だれがいちばん必要かというと、これはやはりお百姓、農民がいちばん必要になってくる。そしてさらに、農民に働いてもらって、自分のありたけの力を出して働き尽くしてもらって、その農民の作ったお米をできるだけ多く吸い上げていくということが、日本人が自給自足していくために必要なことだったわけです。しかし、いくら農民が働き者でも、自分で作ったものを全部取り上げられて喜んでいる人はいませんから、泣き泣きであっても、作ったものを取り上げられていっても、それでも自分らはまったく虐げられているとは言い切れないと思えるような状態を作らないといけなかった。そのようなことを可能にするためにできたのが、実は士・農・工・商・穢多・非人という身分制度だったのです。

ですからなんの意味もなく穢多や非人ができたのではないのです。士・農・工・商・穢多・非人という身分制度の中で、農民が侍の次に位付けられているのは、さきほど申しましたように、農民がいなければ成り立たない国だからです。だから武士の下に農民が位置づけられているのです。そして農民の下に工芸の仕事をしている人たち、さらには商人というのを置いた。そしてさらに農民を働かすために、これだけの仕組みのもう一つ下に、まったく理由なくして穢多、非人という身分を作ったのです。

しかも巧みなことには、穢多と非人は違うのです。非人というのは穢多の下に位づけられておりますけれども、ある時期が来ますと穢多を飛び越えまして、農・工・商のどこかの身分へ帰ることができた。ところが穢多は永代穢多といわれるように、どれだけ努力しても、どれだけ働いても、商人になるとか、一般農民になるということはできなかった。そこにものすごく巧みな徳川幕府のやり方があったのです。

穢多を徹底して差別しておいて、しかももう一つ下に人間でないという名称のついた非人という身分を作った。ところが、その人間でないという名称のついている非人は、穢多を飛び越えて農民になるとか、商人になるということができた。そのために穢多と非人との間に争いが起こることになるのです。穢多のほうは、非人に対して、わしらは人間以下といわれるけれども、わしらよりも以下がおまえらじゃないか、こういうふうに非人を言う。非人は、たしかにそうや。しかしわしらはいつでも人間の世界へ帰れる。おまえらは人間の世界へ帰れんでないかというわけです。こうして両者が分断されていくという仕組みでできていたのが穢多、非人だったのです。その穢多、非人のところに、実は徳川の政策のもとで、浄土真宗は非常に積極的にはたらく御宗旨になっていったのです。現在でも、日本全国の被差別部落の八十パーセントまでが浄土真宗、本願寺の御門徒です。それでは、穢多、非人とされて人間以下といわれる人たちが、人間以下であることをどうして辛抱することができたのかと申しますと、それが実は宿業の教えによってだったのです。おまえらは前世の種まきが悪いから、だからこういう身分に生まれてきたのだ。前世の種まきの結果、こうなったのだから、だれを恨むこともできないのだ。だからいまはこの穢多の身分に耐えて、みんなの嫌がる仕事を引き受けて一生懸命働いて、そしてお念仏申しなさい。そうすると死んでから極楽へ生まれていくことができる。こういう筋書で宿業の教えが語られることによって、三百年もこの人たちは耐えていたのです。その耐えさせる役割を浄土真宗の教えが果たしてきたのです。

ことばのとおりであったかどうかはわかりませんが、「天子天台、公家真言、公方浄土で禅大名、乞食日蓮、門徒それ以下」ということばがあります。これは風刺的に言っているのですから、きちっとそうなっていたとはいいません。天子というのは天皇家です。ですから、天皇家のかかわる仏教は天台宗だったというのです。そしてお公家さんの仏教は真言宗で、公方さまの仏教は浄土宗だというのです。それから普通の大名、公方より下の大名が信心をしていた仏教が禅宗で、日蓮宗は乞食をして歩くような人たちの仏教だった。そして浄土真宗は、それ以下の人たちが信仰する仏教だといわれているのです。

そういうことばと士農工商穢多非人という身分と合わしますと、穢多、非人といわれる人たちに、浄土真宗が大きなかかわりを持っていたということがよくわかります。そしてそのかかわりというのが、穢多非人といわれる人たちを人間以下の状態に置きつづけて、そして徳川三百年の太平を保たしめてきた。そして人間がみんな嫌がる仕事を引き受けて、それをこなしていくことでやっとなりわいを立てていくことを納得させるようなものだったのです。そして、みんなから人間扱いされないことの理不尽さに対して、それは前世の種まきが悪いから、いまのようなことになったのだ。だからいまの境遇に耐えて、そしてお念仏を申して、そのお念仏によってお浄土へ生まれる人間にならなければいけない、こういう形で宿業を説いてきた。これが浄土真宗の宿業という教えが、社会の仕組みの中で果たしてきた一つの役割だったのです。

徳川三百年の太平の中で、穢多、非人といわれる人たちに、じっと辛抱することがいちばんいいことだというふうに語りかける役割を果たしてきたのが浄土真宗の教えであったのです。不幸にしてそれが事実なのです。

ところで、これは徳川時代の話ですから、だいぶ遠い話です。私たちは、徳川時代に生きているわけではありません、今日を生きているのですから、今日の始まりのところからまたあらためてこのことを考えなければいけないと思うのです。徳川時代が終わりまして、そして近代の日本という国になりましたのは明治です。そのときに徳川時代の幕藩制度がだめになって、そして新しい近代国家日本ということになっていったわけです。その大きな変わり目を決めたのが維新で、勤王と佐幕が争って、そして勤王の側が勝ったのだという話になっていますけれども、それはそれとしてあったのでしょうけれども、もっと大きなことは、鎖国でなくなったということです。しかしそれは鎖国を解いたというよりも、黒船がやってきて、気がついてみたら、外国があったということだったのです。しかもその外国は、日本人の目から見ますと、もうとても及びもつかないほど進歩した国だったのです。それを見たとき、徳川体制はもうとても保てないという状況にもなり、徳川幕府というのはつぶれていったわけです。

それに代わって日本もやはり国を作っていかなければならない。そのためには、徳川幕府の幕藩体制に代わる制度を作らなくてはならなくなったのです。

そのような新しい国家体制および制度を作ろうとする動きの中で明治四年に、賤称解放令というのが出されるのです。いわゆる人を卑しめる呼び名、言い方はやめなくてはいけませんという、そういう通達が明治政府から太政官布告として出されたのです。明治四年というと、明治政府ができて四年目ですから、かなり早いときに出されているのです。

ところで、賤称解放令という、人を卑しめる呼び方はやめなくてはいけませんという通達は、なにをやめなくてはいけないかというと、これからのちは穢多、非人という言い方をしてはいけないという法律なのです。だから賤称解放令の通達と同時に穢多、非人という身分もなくなったのです。だからその人たちもこれからは、身分も職業も平民と同様であり同等であるということになったのです。お聞きになると、けっこうなことだとお思いになるでしょう。ところが、けっこうでないのです。なぜかといいますと、このけっこうでないのは、穢多、非人という言い方はしてはいけない。そして穢多、非人という身分でいた人たちも、これからは平民と同様の職業に就くこともできるし、平民と同様の身分になったのだということになりました。けれども、その中にひとつ隠されたものがあったのです。それはなにかといいますと、徳川時代には穢多、非人と言うておとしめており、身分としては最底辺へ押し込んでいましたけれども、そのかわりに租税は免除されていたのです。ですからこの人たちの中には、それほどお金の面では不自由しなかった人もたくさんいたのです。それに対して租税の大部分を担わされたのが農民です。身分が上の農民は、重税を担っていたのですが、いちばん下の身分であった人たちは税の免除を受けていたのです。

ところが賤称解放令が明治四年に出まして、穢多とか非人とかいう賤称はこれから使ってはいけない。そしてこの人たちの身分も職業も平民と同様であるということになった途端に、なにがなくなったかというと、租税の免除がなくなったのです。生活状態はいままでとすこしも変わらないにもかかわらず、平民同様だから税金を払えということになってしまったのです。

なぜこういうことになったかと申しますと、日本の国が一気に力を蓄えるために、国家にお金が必要になったからなのです。その財源を確保するためにこの人たちをまず解放して、そして平民と同様にしたうえで税金を取り立ててその人たちをもっと苦しみのどん底へ落とし込んだのです。それでは、ほんとうに平民と同様になったかというと、これもそうではないのです。明治政府は天皇を頂点とする新しい制度を作りました。いわゆる天皇制です。昔から天皇はいたのですけれども、権力は幕府が持っていたわけでしょう。ところが幕府がつぶれてしまったわけですから、こんどは天皇を絶対の頂点に置いた天皇制を、日本国の新しい政治体制としたのです。天皇の一族を皇族といいますが、さらに皇族の下に華族というのを作りました。華族というのは、公爵、侯爵、伯爵、子爵、男爵という爵位を持った人たちのことです。これはたとえ商人であっても、たとえほかの仕事をしていた人であっても、あるレベルに達するとなれるという位です。その次の身分は士族、侍の出身者です。その次が卒族です。これは足軽という身分の低い人たちの出身であることをわかるようにしたのが卒族です。そしてその下に平民というのがあったのです。昔の制度で申しますと、農・工・商といっていた人たちを平民といったのです。そして平民と同様であるとされた穢多、非人の人を新平民と呼んだ。「新」の一字がついたことによって、穢多、非人という名まえは使ってはいないのですけれども、そのかわりあの人たちは新平民だといって、新平民という差別をきちっとつけたのです。そして新平民の人たちの住む地域を特殊部落といったのです。それが実はいまの被差別部落の人たちなのです。そしてやはり浄土真宗は、徳川幕府に代わって天皇制の国家になったにもかかわらず、ここでもまたこの人たちのところで徳川時代と変わらぬ働きをし続けていくのです。

なんかそういう悪い面ばかり申しておりますけれども、それはそれとして事実ですから、知っておいていただきたいし、その事実を成り立たしめて、今日まで来ている一つの筋書の根っこのところに宿業ということについての了解の正しくない在り方というものが働いているということを知ってほしいと思います。

生きている親鸞聖人の教え

ところが、被差別部落の人たちに対してまるで違った浄土真宗のかかわりというものもあるのです。私は現在、京都の被差別部落へときどき行っては、いっしょにお話をしたり、いろいろなことを教えてもらったりしているのです。ところでその被差別部落では、人権展という町ぐるみの催しが開かれます。もっとはっきり名まえをつけているところでは、部落解放人権展といわれています。そこでやっていることというのは、その村の人たちがみんなで寄り合って作った作品を展示するとか、あるいは子どもさんたちが遠足に行くリュックサックをお母さんたちが作って、それを展示するとか、いろいろな工夫を凝らして、二日ないし三日間そういう展示会をされるのです。そしてまた一方では、劇やら歌やら太鼓やら、伝統的にその地域に残っている芸能などを見せるという催しがあるのです。私はそういう催しに出席をさせてもらっているのです。そういう催しの中で私は部落解放の歌、つまり解放歌というものを聞かせてもらいました。その歌詞の内容は非常に悲惨な状況を歌い上げておりまして、そしてさらに、自分たちはほんとうに自分たちの力で解放されていかなくてはいけないのだということを歌い上げている歌なのです。だからこれは当然闘争歌というのですか、戦いの歌です。差別をした人々、あるいは差別をした世の中に対して戦いを挑んでいくときの歌であるわけです。

ところがそこにいる御老人、この御老人たちがその闘争歌をいっしょになってそこで歌うときに、手拍子を打ちながら歌うのです。そのために闘争歌を歌っているのか、盆踊りの歌を歌っているのかわからないような調子になってしまうのです。歌詞は闘争歌ですから、闘争的な歌なのですけれども、歌っているときには「あ、こりゃ、どうした」と合いの手を入れ、手拍子をたたいて歌っておられるのです。若い人々は悲惨な顔して、悲壮な顔をしてやっていますけれども、御老人はもうたくましいのです。だからそういう歌を歌っても手をたたいて歌うということになるのです。

それはさておきまして、闘争の歌を歌ったり解放闘争のための劇をみんなで上演し、それをまたみんなで見るというようなことがあるのです。ところがその中に、かならず親鸞聖人をたたえる劇とか、親鸞聖人をたたえる歌とかがあるのです。これはもうかならずあるのです。その中で私の心にいちばん強く残っているものがあります。それは親鸞聖人の御苦労をしのぶという劇で、なんにもしゃべらないで、姿と身振りで御苦労をしのぶという寸劇でした。それをその村の人が、一人は親鸞聖人役になって、一人はおとものお弟子の役になって出てくるという寸劇でした。その寸劇の前にナレーションがありまして、ナレーターの人が、こういうことを言っていました。

「時は承元三年、春三月、時の権力による念仏弾圧の嵐はすさまじいものでありました。法然上人ほか七名は流罪、またお弟子の四人は死罪に処せられるという世にも恐ろしいものでした。私たちの開祖親鸞聖人さまも遠い北国のさいはての地、越後の国に流されました。御年三十五歳の春でした」

こういうナレーションが初めに女性によって語られるのです。そのあとをうけて、短歌が二首朗詠されました。それもその村の人たちが作ったものです。その一首は、「かりそめの一夜の宿り許されず、雪は降る降る墨染めの衣に」というのです。もう一つの歌は、「紙一重、衣のそでは風に舞う、あわれ尊き法の旅かな」というのです。この二首の歌を朗詠して、それに合わせて劇を、黙ってやるのです。「かりそめの一夜の宿も許されず」というのは御承知だろうと思います。いまも越後に枕石寺というお寺がありますけれども、石を枕に、雪をしとねにという親鸞聖人の御苦労を伝えている物語があります。その物語をもとにして、作った歌です。「紙一重、衣のそでは」という歌のほうは、これは句仏上人が作られた「勿体なや、祖師は紙子の九十年」という俳句をもとにして作った短歌だろうと思います。

ところでその劇をやっているのは、その村の人たちです。だからもちろん日ごろいつも顔を合わせている人なのです。ですから、あれはどこやらのおっちゃんやとか、あれはうちの隣の兄ちゃんやとか言っているのです。ところがナレーションが流れまして、そして歌に合わせてその人たちがみんなのほうを向いて、親鸞聖人の役をしている人がこう手を合わす場面があるのです。そうしたらいままで解放歌のとき手をたたいて「あ、こりゃこりゃ」といっていた御老人たちが、涙をぽろぽろ流して親鸞聖人を拝むのです。「なんまんだ、なんまんだ」と念仏を称えながら拝まれるのです。私はそれまでそういうお念仏に遇ったことがありませんでした。いままでこれだけ虐げられ、その虐げられてきた歴史が四百年です。そしていまなお人間らしく扱ってもらえない中で、親鸞聖人の宿業の教えを曲げられる形で伝えられて、そしてそれによって耐えてきたというふうに了解するのが普通なのですけれども、その中でもっと底のほうでその人たちは親鸞聖人に触れておられるのです。私は最近やっとそのことに気がつきだしたのです。そしてこの人たちの心の中にある親鸞聖人は本物だなと思ったのです。ただ辛抱してきただけではないのです。むしろその最底辺に押し込められたことをはねのけていくエネルギー、一向一揆や石山の合戦を支えていたような信心のエネルギーを親鸞聖人から教えてもらっておられたのです。われわれは四百年間弾圧を受けてきたけれども、弾圧を受けるわれわれの先祖に正しい仏法を伝えようとした親鸞聖人も弾圧を受けられたのだ。もったいないことだ。だから親鸞聖人のお心にかなうように、人間は人間として平等だということをほんとうにお互いがうなずきあえる世の中にしていく人間にならなくては、親鸞聖人に申しわけない。それがそういう姿になって出てくるのでしょう。私はそのことに最近やっと気がつきました。

親鸞聖人は「いし・かわら・つぶてのごとくなるわれらなり」とおっしゃっています。当時いし・かわら・つぶてのように扱われていて、人間扱いされなかった人々が、阿弥陀仏の本願の名号を信ずることによって、ちょうど、いし・かわら・つぶてが黄金に変わるように、ほんとうに輝かしい人間になっていった。そのような本願念仏の道を親鸞聖人がはっきりと説かれたとき、それに「あ、そうだ」とうなずいた親鸞聖人の時代の被差別の民衆、下類とか、あるいは非人とか、悪人とか呼ばれている人たち、その人たちがどうして親鸞聖人の教えにうなずけたのだろうかなという疑問が私は、このいまお話ししたような状況の中に生きている人々が、解放歌を歌うときには手拍子たたいて歌っているそのつわものが、その親鸞聖人役をした人がこうやって拝んでくれた姿を通して、実際に自分らを拝んでいてくれる人がいる。それはだれか、親鸞聖人だ。親鸞聖人はまちがいなしに自分たちを拝んでいてくれているのだ。そして拝んでいてくれるということは、自分たちは穢多ではなく、人間だ。人間として尊い命を生きているのだということを拝んでくれているのだという実感をもってうなずいておられるのです。

そういう意味では、私は、宿業の教えが曲げられて、制度としてその人たちを底辺に押し込んで、今日に至るまでいわれのない差別を受けているという事実は事実としてきちっと押さえておかなくてはなりませんけれども、そこで生きた人々は、もう一つそこのところで親鸞聖人の教えにきちっと耳を傾けて、親鸞聖人はわれわれを穢多だと言うはずはない。だから穢多だというふうに言ってきている教えというのはまちがいなのだということを自信持って、きちっとしていこうとしている。その力をいまの御老人たちが涙流してお念仏称えている姿を見まして、私はその人たちといっしょにおりましたので、ほんとうにはじめて、なにか生き生きとしたお念仏に遇うたという気がしました。

『歎異抄』十三条にしか説かれない宿業

『歎異抄』の十三条の主題は、宿業ということです。ところが、親鸞聖人のお書きになったお書き物の中には、宿業ということはどこにも説かれていない。ですから、宿業ということが問題視されるようなときには、世間の風当たりを避けるために、宿業というのは親鸞聖人が言われたことでもないし、親鸞聖人が書かれたことでもないと言い逃れをしようとすることがあるようです。宿業というのは親鸞聖人の教えを聞き書きした唯円が、親鸞聖人の教えとは異なっていく同朋の人々の様子を見ながら、それをただしていこうとする中ではじめて言ったことばだから、親鸞聖人が直接におっしゃったと了解するわけにいかない。むしろそれは、聞き書きをした『歎異抄』の編者があえてそういう表現を取ったので、親鸞聖人には罪がない。はっきりいえばそういう言い方で逃れていこうとすることがあります。

しかし私は、はっきりその考え方には反対です。たしかに親鸞聖人は、宿業ということについて『歎異抄』の十三条が語りかけるような言い方、あるいはそういうふうなお示しというものは一度もなさっていません。ところが耳の底にとどまるところを記すことを命とした『歎異抄』の編者が、親鸞聖人がことばにされなかったことをはっきりことばにして、これが親鸞聖人のおっしゃろうとする教えの具体的な確かめの場所だということを言い切っていかれたのだと思うのです。これはよほど自信がないとできないことです。『歎異抄』という書物は、編者自身が自分の生活をくぐって聞き取ったことばを、新たに親鸞聖人のお教えにうなずいたうなずきで証明して、それを表現しているものです。ですからけっして親鸞聖人の言われたことをそのまま受け売りしてまとめたような書物ではないのです。

金子大榮先生は、「宗教とは生涯を尽くしても悔ゆることのないただ一句のことばとの出会いである」と言われました。自分の一生涯をそのこと一つに尽くし切っても後悔がない、こう言い切れるようなただ一句のことばと出会えるか出会えないかということが宗教の命なのだと、こんなふうに金子先生はおっしゃっておられます。私はほんとうに、このことばのとおりでなければ、宗教とはいえないのではないかという気がいたします。そのような金子先生のことばをもってすれば、『歎異抄』の編者は、すくなくとも一条から十条までのおことばを拝読するかぎり、ほんとうに生涯を尽くしても悔ゆることのないことばに会った人だということは、説明しなくてもおわかりになると思います。そのかたが親鸞聖人のおっしゃらなかった宿業ということばを、あえて自分の了解として、自分のことばとして語っておられるのです。ですから、宿業ということを語るところには、教えのことばを伝えるというだけではなくて、教えを聞いた人間が教えを聞いたということの責任を自分のことばで再表現をしていく、もう一度言い直して具体的に表現されたものだと思うのです。私はそういうことが、宿業ということばが『歎異抄』の中にしか出てこないということの持っている意味だと思っているのです。

しかし多くの場合は、宿業ということばは『歎異抄』にしか出ていないから、親鸞聖人の本意を正確に伝えたものではないと言われるのです。しかし私は反対に、『歎異抄』が親鸞聖人がお使いになっていないことばをあえて積極的に使っているから、あるいは具体的な事実として語っているから、宿業という『歎異抄』の語りかけは、親鸞聖人のお教えを聞いた唯円という一人のお弟子にとってはまちがいのない事実、救いの事実なのだと了解できないと、宿業という教えをまちがって受け止めてしまうのではないかと思うのです。

宿業が救いの事実を表すものだということは、『歎異抄』の前のことばで言うと、無碍なる存在、障りのない人生を生きるということをほんとうに生活の中でうなずくことのできる原点、それが宿業なのだということです。

ところが一般的には、宿業とか業とかいうことばを聞くと、なにかしらあきらめなければならないような気になるのではないでしょうか。無理にでもあきらめなければならないように消極的に自分をなだめていって、うつむきかげんに生きていくような人間を作ることばが宿業だと考えられているのではないでしょうか。胸を張って、堂々と生きていくということとはどうやっても結びつかないというのが普通だと思います。

業ということばは、もとの仏教のことばとしては悪い意味はすこしもないのです。でも私たちは、業が深いというように言います。しかし業というのは、本来行為、行いという意味ですから、行いが深いということになります。行為、あるいは行いの蓄積というのが生活ということですから、行為が深いというのは生活が深いということになります。生活が深いというのはいいことでしょう。浅い生活より深い生活のほうがいいに決まっています。人生二度とは生きられないのですから、きょう一日の人生が深い、こう言える人生ほど豊かな人生はないはずです。

　ですから生活が深いということばはいいことばなのです。ところが業が深いというと、いいことばにならない。これはどうしてでしょうか。同じことばなのに、片っ方はいいことばになり、同じことばを翻訳せずにそのまま使うと悪いことばになるのはどういうことでしょうか。それはやはり私たちの中で、業ということばについての誤解があるからなのではないでしょうか。そのような誤解というのは、誤解させられるような教えの伝達が今日まであり過ぎた結果だと思います。そのために業という語感が、人々にあきらめを強いるようなものとなってしまったのです。いまは前世の宿業の報いだからあきらめなさい。いまあきらめる中でお念仏を喜ぶことによってお浄土へ行けるのですよということを説くことによって、ある意味では人間をほんとうに明るくさせないようにしてきたのです。これはあまり考えなくてもおわかりいただけるのではないでしょうか。業が深いとか、ときには病気にまで業病などという言い方をします。業病といったときには、なにかとんでもない悪いことを昔した結果、そうなったみたいな実感を持って使われています。

　今日日本において重大な問題として同和問題、部落問題ということがあります。この部落問題をどうして浄土真宗の教えを聞く私たちが問題にしなくてはいけないのかということがなかなか理解してもらえないのです。そんなことをあまりほじくり出すと、よけい差別を助長するのではないかというような声が出てきまして、そうしてそのうちに、寝た子を起こすとかえってまずいから、寝たままにしておきましょうということになっていく傾向が多いと思います。

　しかしこれは基本的に申しまして、まちがいなのです。なぜかといいましたら、仏教の教え、仏陀の教えというのは覚、目を開くというのが教えの中心です。だから仏道というのは、もうすこしことばを換えて言うと、覚道です。だったら寝た子を起こすなということは、それだけでもう仏教の本質と違ってしまっているのです。寝た子は、死んだ子ではありません。寝た子は生きているのです。起こさないでそっとしておきましても、いつかは起きるのです。いつか起きずに寝たままでいってしまうのだったら、それは生きていないということです。死んだということです。寝た子を起こすなというのは、これはごまかしであることは、それではっきりするでしょう。そうではなく、逆に寝た子を起こしても、ほんとうにお互いに人間であることを確かめ合うというのが仏教の道、覚道、目覚めの道の本来の意味ではないでしょうか。そこにかかわっている私たちは、自分がどう思おうとも仏教を聞くか、仏教の教えのもとに生きようとするか、それをやめるかということと部落問題をやはり問題にしていくか、それとも寝た子を起こすなということに身を寄せながら、近寄らないようにして、避けて通っていくか。これは同じ質のことだということをまずひとつ念頭に置いておいてほしいのです。

部落差別に荷担した浄土真宗教団

いまは大きく一般的なこととして申したのですけれども、部落問題が特に浄土真宗において問題になるといいますのは、一つは現実においてもそうですけれども、日本にいわゆる被差別部落と呼ばれている部落が日本列島の端から端まで、大きいか小さいかの違いはありますが点在しております。ところによってはばらばらになってあるために、よほど注意しないとわからないというところもあります。しかしないというところはまずないです。よく北海道には被差別部落はないといわれますけれども、それはうそです。北海道へ移住していった人たちの中には、北海道へ渡る前に被差別部落の住人であった人たちがかなり多いわけです。だから部落問題がないことはありません。そういう意味では、うちらのへんにはありませんとかよく言われたりしますけれども、部落問題をかかえていないところはないというたほうがまちがいはないと思います。

ところで、被差別部落というふうにいわれている地域に生きている人たちの八十パーセント、三百万人が浄土真宗、本願寺の御門徒です。つまり私たちの同朋、同じ親鸞聖人の教えを聞く仲間なのです。その人たちがいわれのない差別を受けているというのに、私たちが寝た子を起こすなといってほっておいたとすれば、それはもうすでに親鸞聖人のお教えを聞いているお仲間に対して冷たいのではないでしょうか。ともに正しい教えのもとに、朋、同朋よと呼び合うような人間関係を打ち立てていこうというのが浄土真宗のお教えを聞く私たちのいちばん深いところの願いでなくてはいけないはずです。私だけが、おれだけが得すればいいというのだったら、浄土真宗でないほうがいいのです。浄土真宗の教えを聞くかぎりにおいては、おれだけが得しようという考え方はどこかで捨て去らなくては親鸞聖人にお会いできないという筋道が通っているのが浄土真宗です。そうするとまず具体的なこととして、日本じゅうに点在している被差別部落の人々の八十パーセントまでが私たちと同じ親鸞聖人を御開山としていただいている同朋であり、その同朋がいわれのない差別のゆえに人間として正常に扱われないような状態へと追い込まれていっているという事実は、やはり親鸞聖人の教えに照らしても、そのままほっておいてはいけないのではないでしょうか。

さきにも申しましたが、だいたいこういう被差別部落という地域社会ができたのは、徳川時代です。士・農・工・商・穢多・非人という身分制度が作られ、それ以後生まれによって身分が決まるようになってしまったのです。ところが実は浄土真宗という教え、親鸞聖人の教えがこの士・農・工・商・穢多・非人というこの階級制度の中で、穢多といわれる人たちのところへ集中的にかかわるようになっていくのです。江戸時代に寺壇制度という、お寺と門徒との制度ができまして、お壇家といわれている人たちを、お寺がお役所の替わりに治めていました。ときには身分を調べたり、ときには財産を調べるという仕事もしていたようです。そういうふうにして宗教は、徳川の体制を支える役割を担っていたのです。その中で特に浄土真宗は、穢多・非人という人間の枠から外されたところに生きている人たちのところで作用させられていたのです。

しかもその浄土真宗が、親鸞聖人の血統をそのまま法統と一つにした法主制度というものを作っていくわけですが、その法主制度が世襲制なのです。そして浄土真宗がいちばん深くかかわりを持った穢多という人たちも世襲制なのです。ほかの身分に移っていくことができない、穢多の子は穢多なのです。そうしたら、はっきりさせるために言いますけれども、大谷家の長男は真宗の法主で、その子どもも法主になり、さらにその子どもも法主になるのです。そういう形で徳川の体制と一つになって、世襲的に穢多である人々を押さえてきたのです。つまり世襲化された浄土真宗が世襲化された穢多という非人間的に排除される人々のところでいろいろな役割を果たしてきたということなのです。その中でこの人たちにどういうことを言ったのかというと、それが宿業ということだったのです。「あんたがた、やはり前世の種まきが悪いから、こうなったのだ。だからいま一生懸命お念仏を称えて、そして阿弥陀さまにすがりなさい。そうするとやがてお浄土へ行って、蓮台の上に坐ることができるよ」という教えが伝統的にずっとその人たちを抑えてきたのです。

ここまで申し上げたら、だいたい筋道はおわかりになるのではないですか。そのことがわかれば、それに対してわしは知らんというわけにはいかんのではないでしょうか。とすると今日、このことはやはりきちっと一度確かめをしておかなくてはならないことだと思われます。

しかもさらに、明治になって、徳川の幕藩体制が倒れても、幕藩体制とぴたっと一つになって、穢多、非人を治める一役を担ってきた浄土真宗が近代という明治以降の体制の中に日本が移ってきても、同じ姿勢、同じ体質でそのまま動いてきたのです。だから血のつながりがそのまま法のつながりであるという形を取る法主制というものが、そのまま天皇が現人神といわれるのと同じ意味として理解され、法主が生き仏ということになんの疑いも持たないできたのです。ひょっとするとみなさまがたの中にも御記憶にあるかたもあるのではないかと思います。生き仏さまの御巡行のあとに、そのお風呂の水を飲むと中風が治るとか、そういう真宗とは縁もゆかりもないようなことが平然と行われるような状態も続いたのです。

となると、かつて徳川時代に穢多、非人と呼ばれ、さらに明治以後は新平民という新たな名まえを付けられて、特殊部落として押し込められていた。そしてそこで生きている人たちが、やはり徳川の体制からずっと同じ体制の延長のうえで伝わっている浄土真宗の御門徒として生きておられるということに対して、なんにも関心を持たなくていいというのであったら、私は親鸞聖人の御同朋、御同行ということばにうそがあると言わざるを得ないと思います。これだけ長い間親鸞聖人の名を借りてこの人たちを底辺へ押し込むのに役割を果たしてきた浄土真宗は、いっぺん顔を洗い直して、親鸞聖人のお教えはほんとうにそんな教えだったのですかと問い直していかなくてはならないと思います。それが浄土真宗に縁を持たせていただいて、御同朋、御同行というほんとうの意味の人間の尊厳を尊び合える、そういう人間関係を生きていく人間であるならば、この問題をよそ事としておくわけにはいかないだろうと思います。宿業ということを差別されて苦しんでいる人々に対して現実をあきらめさせることばとして押し付けてきた。そして現実を固定するように動いてきたというのは、やはり過ちなのです。過ちは過ちなのですから、過ちに気づいてそれを正さなければいけない。きちっと私たちは歴史に対して責任を持って、今日の私たちが親鸞聖人の教えを聞く人間として自分に責任を持たなければならないと思うのです。同和問題といわれている問題は、私たちにとっては単なる社会問題ではないのです。そうではなくて、同じ親鸞聖人を御開山と仰ぐ御同朋、御同行の悲しみであり、御同朋、御同行の涙の歴史なのです。それに私たちの心が動かないのならば、私たちの心は、親鸞聖人の教えを聞いていないのといっしょではないでしょうか。そういう意味で、私たちにとって同和問題というものが自分の信仰を試していく問題となってくるのです。自分の信心とか、道を求めるという心そのものを問うことの中に、同和問題が痛みとなって突き刺さってくるということがあって、はじめて私たちが解放されてくるのです。私たちの解放の中にこの人たちの解放の姿が移るのです。その照らし合いということが抜けますと、やはり浄土真宗の教えもおれ一人助かればいいというエゴイズムの延長に位置付けられてしまって、親鸞聖人の教えでなくてもいいということになる。このあたりのことをきちっとまず押さえておきたいなということでお話をしたわけです。

このように、宿業ということばが過って働いたのが被差別の人たちに対してだったのです。これは言ってみれば宿業ということばが社会に働いた例です。それに対して一人の個人、個人の上にどういうふうに宿業ということばの教化がなされてきたのかということを確かめてみようと思います。

中村久子さんの告発

それまで語られてきた宿業の教えというものははたして親鸞聖人がおっしゃる宿業ということを通してわれわれに語りかけてくださる教えとほんとうに一つなのか、それとは違っているのではないかということを、御自分の体で告発をした中村久子さんという人がおられますので、その人のことばをお借りしてお話をしたほうがわかりやすいのではないかと思います。

中村久子さんは、飛驒の高山の御出身のかたで、一九六八年、昭和四十三年に七十二歳で亡くなられました。三歳のときに突発性脱疽という病気にかかって、両手両足を切り落とさなければならなかったのです。現在でも身体障害者あるいは身体の不自由なかたに対して、その人たちを忌み嫌うという傾向がけっして収まっていない状況です。ましてや中村久子さんの時代にはそういう傾向がいっそう強かったでしょうから、三歳のときに両手両足がなくなってしまった状態で生きていくということは、これははっきり申しますと、世の中の邪魔者扱いにされながら生きていくということ以外に生きようがない状態だったわけでしょう。ですから、たとえば見せ物小屋の中に身を置いてみたり、あるいは大道芸人といわれる人たちの中に身を置いてみたりしながら、生きていかれたわけです。見せ物小屋でだるま娘と言われながらも生き抜いていかれたのです。

その中村久子さんが、いわゆる両手両足のないまま生きるという事実の中で、宿業ということを軸に据えた浄土真宗の教えというものが、はたしてほんとうに親鸞聖人の教えなのだろうか。あるいは親鸞聖人の教えであったとしても、宿業ということを軸に据えて、われわれに語りかけてくれた教えぶりというのは、親鸞聖人のお心を十分にうなずいてなされたものではないということをはっきりことばにして、われわれに訴えてくださっているのです。東本願寺の出版部から出ている『同朋』という雑誌の、昭和三十二年の八月号と九月号に中村久子さんのお話が載せられているのです。その中で、こんなことをはっきり言っておられます。

「手足なく、無学なため、もちろん真宗の高い教えや学問は存じません。けれどもあきらめよといわれて、手足のない自分をすなおに、はい、そうですかとあきらめきれるものか、きれないものか、まずお偉いかたから手足を切って、体験をしてから、と私は思います。その悲しみと苦しみはどれほどのものか。六十年手足なく過ごした私ですが、けっしてあきらめきっているのではございません。あきらめきれない自分の宿業の深さをお慈悲の光に照らしていただいて、お念仏によってどうにもならない自分を見せていただくだけです」

これはおそらく、お話しされたのをテープに取って、それを起こした文章だと思います。中村久子さんというかたは、親鸞聖人の宗教にかかわりを持ち、そして親鸞聖人のお教えに帰していかれたかたです。しかも『歎異抄』の教えを通して親鸞聖人に触れていかれたかたです。ほんとうに体当たりで教えを聞き『歎異抄』を読んでいかれたわけですけれども、その中で逆に『歎異抄』が語っている宿業ということについての教えぶりと、すくなくとも中村久子さんが現実に実感をしている浄土真宗の教え、あるいは浄土真宗のお説教の中で語られる宿業という教えとは、基本のところで違っているのではないのかということとを言われるわけです。問題は、手足のない自分の体を、あきらめなさいと言われて、「はい、そうですか」と言ってあきらめきれるものかどうか、まずあきらめなさいと言われるかたが自分の手足を切って、手足のない体験というものをしたうえでおっしゃっていただきたいといわれるのです。

これは厳しいことばです。すこし激しすぎるのではないかと感ずるほどに鋭いことばです。しかしこのことばは、中村久子さんがちょうど六十一歳、還暦のときのお話なのですということはやはり中村久子さん自身、浄土真宗の教えの中でずっとつまずきになっていたのが宿業だったということなのでしょう。中村久子さんが生まれ育ったところは、非常に熱心な浄土真宗のお同行の多いところです。その中で子どものころ育っておられる関係で、浄土真宗のお説教を聞かされたり、ときには親切なつもりで浄土真宗の教えを語ってくれる人に出会われたのだろうと思います。ところがその教えの語りぶりの中で非常に大きな過ちを犯しているのではないかということを体で知るわけです。いわゆるあきらめということばで言われる事柄を、中村久子さんのこのことばを通していっぺん問い直してみますと、それはあきらめよという教えであったということなのです。

悲しいことがあっても辛抱しなさい。つらいことがあっても、あきらめなさいという教えなのです。ところがどうも親鸞聖人の教えはそうではない。ともかく中村久子さんは自分の体験を通して、「あきらめなさい、あきらめるのが救いにつながるのですよ」といわれても、「はい、そうですか」とあきらめられるものではないといわれるのです。両手両足がなく、だるま娘といわれて、ほんとうに世の中の底辺へけ飛ばされるようにして生きてきた自分には、「はい、そうですか」とはとうていあきらめられない。もしそういうことをおっしゃるならば、私の体験に近いような体験をして、そのうえでおっしゃっていただきたい、私は親鸞聖人のお教えを聞いてはいるけれども、けっして両手両足のないのはしかたがないとあきらめきっているわけではありませんと言い切っておられるのです。

ところが、あきらめきっているのではないけれども、しかしいくらどう考えても、どういうふうに願っても、手がもういっぺん健常者と同じような手になるということはないわけです。両足がまた普通の人のように生えてくるということもないわけです。とすると、やはり両手両足のないという事実、その事実を生きていけるような、そういう力になる教えでなければ、両手両足をなくして、しかも世の中の冷たい風の中で生きていかなくてはならないという一人の人間にとっては、ほんとうに生きる支えにならないでしょう。

ところがただあきらめなさい、あきらめなさいでは、それこそ生きているのがどういう意味を持つのかさえわからなくなっていくということを実感しておられるわけです。

　そういうことで、私はけっしてあきらめきっているのではありません。むしろ六十年手足なくして過ごしてきた私のあきらめきれない自分の宿業の深さを見せていただくと言っておられます。なかなかあきらめきれないのだけれども、ときによるとあきらめきろうと思うこともあるわけです。中村久子さんのような厳しい状況でなくても、私たちの日常の中でも、そういうことはあるのではないでしょうか。たとえばお子さんをなにか思いもつかないことで失わざるを得なかったような場合、やはりあきらめざるを得ないと自分に言い聞かせようとします。

　そういうことが私たちの心の中で動くわけですが、ただそのあきらめということが、自分の泣きたい心のうえに重しを置いて、そして泣いてはだめだと言い聞かせながら耐えていくということならば、人間の心を開くということにはならないと思うのです。そういうことをはっきり自分の体験を通して知ったかたですから、どれほどりっぱなかたがどういうふうに言われようとも、両手両足のない六十年を生きるということは、けっして両手両足のないことをあきらめきって生きるということではない。あきらめきれないような命を生きなくてはならないという宿業の深さというものを知らせていただいて、その宿業の深さを阿弥陀さまのお慈悲の光の中ではっきりと見せていただきながら、そして自分で自分をじっと見詰めながら生きてきたのが私の一生です、こういうふうに言っておられるのでしょう。このように中村久子さんのことばは、非常に具体的です。それはやはり、身体障害者に対してきわめて差別的だった時代を生き抜いてこられたことによるのだろうと思います。両手両足のない状態で、人間扱いされないような生き方をしてきた中村久子さんが、すくなくとも親鸞聖人のお教えに触れることによって、自分も人間として生きているのだ、幸いにして自分も人間として生きることができたのだという大きな喜びを感じ取っていく中で、それまでの浄土真宗の教えが、私のような両手両足のない人間に対してあきらめることのほかに救いがないように教えてきたのではないかと告発をしておられるわけです。そして同時に、中村久子さん自身は、わが身の不幸をあきらめるのではなくて、あきらめきれない自分の宿業の深さというものをお慈悲の光に照らしていただくことによって、お念仏申す身になることによって、どうにもしてみようのない、まさに自力無功のわが身というものをはっきり自覚させていただきながら、きょうを生きていくのですと言い切っておられます。そして、

手足なく六十年は過ぎにけりお慈悲のみ手に伴われつつ

という歌を作っておられます。ですから中村久子さんは、宿業の教えが自分の体がうなずかないような形で語られてきたということに対しては、どうしても納得行きませんとはっきり言い切っていかれるのです。言い切っていかれるのですけれども、では仏教の、なかんずく親鸞聖人のお教えも納得が行かないかというと、そうではないのです。そうではなくて、親鸞聖人のお教えについては、いまの歌のように、「手足なく六十年は過ぎにけり、お慈悲のみ手に伴われつつ」という歌になるような救われ方をして、両手両足のない命を全うして、そして七十二歳の年に往生の素懐を遂げていくという、こういうことがあるわけです。

辛抱では救われない人間

だいたい人間、もし一生辛抱していくことが救いだと言われても、もしそれがほんとうのことだとしても、私にはそれはとてもできることではありません。一生辛抱していくことが救いだといくら言われましても、一生の次がどうなるのかもわかりませんし、辛抱しっぱなしで一生生きていかなくてはならんということでは、それが救いだとは私自身にはとても実感できません。みなさんがたは、どうでしょうか。そのへんを自分に引き当ててみて、やはりはっきりと整理をしておかなくてはいけないと思います。そのことをはっきりと整理していくために『観無量寿経』を見てみますと、『観無量寿経』の中に非常に見事な指針というものが示されています。

『観無量寿経』の序分を見ますと、頻婆娑羅王という王さまが、わが子の阿闍世という太子によってクーデターを起こされて、王位を奪われて七重の牢獄に閉じ込められたという物語が出てきます。七重の牢獄に閉じ込められたということは、完全に身の自由を奪われたということです。完全に身の自由を奪われたときに頻婆娑羅王が、はるか耆闍崛山で説法をしておいでになるお釈迦さまに向かって、なにをお願いしたかというと、私に八戒を授けてくださいということだったのです。

この八戒というのはなにかというと、一般在家の人が、一日一夜と日時を切って、その一日一夜最小限度の戒律を守って身を正していこうというものです。

こういうところで冗談を言うと変になるかもしれませんけれども、『西遊記』というのがあるでしょう。あの中に猪八戒という猪のお化けが出てきます。猪八戒というのはなぜ猪八戒というかというと、『西遊記』をお読みになったかたは知っておいでになりますように、猪八戒の「猪」というのは「いのしし」ですけれども、猪を人間になぞらえているわけで、ものすごく貪欲な生き物を表しているのです。本物の猪が貪欲であるかどうかはわかりませんが、『西遊記』に登場する猪八戒は貪欲なのです。だから食べ物に対しても、女性に対しても実にころりころりとまいってしまう。その猪八戒に対して、あなたはほんとうに猪として自己を全うしていくためには、こういうふうなことを身につけて生きていきなさいというのが八戒という法名になっているわけです。だから猪八戒というのは、八戒で守らないと、自分を律していけない存在を表しているのです。ですから、けっしてそれは猪の話ではないのでありまして、猪という性格の人間のことをいっているのです。辛抱できないとか、それはしてはいかんといわれても、体のほうが言うことを聞かないというような人間の中にある質、いうならばむさぼりの質、それが猪八戒です。

だから八戒というのは、一日一夜と日時を限って、出家者の守る最低の戒めごとを自分の身で守っていくことによって、自分を保っていこうとするためのものなのです。

ではなぜ頻婆娑羅王がお釈迦さまに、目連尊者を遣わして自分に八戒の法を授けていただきたいとお願いしたのかというと、かつて栄耀栄華を極めた生活をしていた頻婆娑羅王が、七重の牢獄に閉じ込められてどうなったかというと、思い出されてくることはいつもかつての生活だという状態になったのでしょう。かつては大王として君臨しており、栄耀栄華は思いのままであり、自分の意にそわない者には生殺与奪の権もすべて自分が握っていた。ところがいまは全部それを奪われてしまった。奪われた中で、なおかつ一日一夜を生きていこうとすると、出家の法で自分を戒めていくのでなければ、とても生きていけないということで、八戒の法を授けてほしいとお願いするのです。その八戒というのは、ひと言で言うと、忍従、辛抱するということです。しかし辛抱というのはたいへんなのです。実は私、シベリアでの抑留生活を四年間送ってきましたけれども、人間というのはやはり最後は精神力とまでは言いませんけれども、なにを思うかによって命が保たれるか、命を失うかが決まります。

シベリアの生活はたしかに厳しい生活であって、食糧もある意味では当時のお医者さんが言っていましたけれども、生きる人間に必要な最小限度の限界食糧というものしか与えられていなかったと言われております。食糧も、小さなパン一つが、これはもういくら欲しいと思っても、それだけしかもらえないのです。ところが、これを最大限に自分の栄養にするかしないかは、私の心の動きなのです。どういうことかと申しますと、私のお隣の友だちは、かつて旧満州の時代にずいぶん豊かな生活をしておったというような人で、その人たちは一つのパンをもらうと、こんなちっちゃなパンでと思って、昔はビフテキを食べたとか、なんとか言い出した途端に、これだけのパンの栄養価が半分になってしまうのです。パンそれ自体の大きさは変わらないのですけれども、そう思ったことによって、体の中で吸収力がなくなってくるのです。そして半分の栄養しか取れない。そのために栄養失調にかかって死んでいくのです。

ところが、私のようにあまり御馳走を食べたことのない人間というのは、このパンはこれだけしかないのだから、これを最大限栄養にしようと本能が要求するわけです。そうするとこれだけのパンはこれ以上にはなりませんけれども、これだけのパンの持っているカロリーなりエネルギーがそっくり自分の体の栄養になるのです。そういう意味では、辛抱をするということは、かならずしも救いにはならないのです。昔はよかったけど、いまはこんなになってしまった。しかし昔へ帰るわけにいかないから、辛抱しましょうと思った途端に、パンが半分の栄養価に変わるのです。そういう意味で申しますと、八戒を願った頻婆娑羅王は、実は仏法を願ったのではないのです。辛抱できる私にしてくださいということを願ったのです。いまの自分を辛抱して、いまの自分に耐えていける、そういう私にしてくださいと願ったのです。そうすれば、一日一日生きていくことができるようになるからでしょう。ところが、『観無量寿経』自体がそれはほんとうの救いではないということを言い切っていくことになります。だから辛抱というのは、けっして救いの具体的な内容にはならないのです。

次は韋提希夫人の場合です。韋提希夫人は、頻婆娑羅王を助けようと思って一生懸命にやったことがかえってあだになり、座敷牢へ閉じ込められてしまいました。このときにも韋提希夫人は、やはり仏さまに仏法を聞きたいとは言わなかったのです。自分はかつてはお釈迦さまのもとへも行くこともできたし、お釈迦さまもお弟子を遣わして、私を慰めてくださった。ところがいま私は憂いの真っただ中に沈んでおります。どうか私のところへお釈迦さまに来てくださいと言いたいけれども、もったいないから言えない。言えないから、せめて目連というお弟子と阿難尊者というお弟子のお二人を私のところへ遣わして、私を慰めてくださいと頼んだのです。

このように、男性である頻婆娑羅王のほうは忍従する力を与えてほしいといい、女性である韋提希夫人のほうは、慰めてほしいと頼んだのです。これはやはり両方ともほんとうの仏教の救いではないのです。

ところがよく考えてみますと、私たちの周辺には宗教と名のつくものがたくさんありますけれども、たいがいこのどちらかでしかないのです。はっきり言って、このどちらかを要素にしているものしかないのです。辛抱しなさいということを要素にしているか、あるいは、お気の毒ですね、お気の毒ですねと慰める宗教ばかりなのです。ところが、慰められると人間はだんだん足腰が弱くなります。慰めのことばを聞けば聞くほど、いままでちゃんと立って歩けた人まで歩けなくなってしまいます。お気の毒ですね、お気の毒ですねと言われれば言われるほど、だんだんお気の毒でないと悪いみたいになってしまいまして、足腰立たないようになってしまうのです。宗教というものの危険性ということを私はいつも言いますけれども、それを具体的に申しますと、忍従か慰めか、このどちらかが宗教の内容の中心に置かれているかぎり、その宗教は人間を解放する、人間の心を開くということにはならない。これはやはりはっきりさせておかなければいけないことだと思うのです。

中村久子さんの了解を通して浄土真宗の教えを味わうのですけれども、やはり宿業ということばの了解が十分でなかったために、中村久子さんが告発しているような形でしか伝達されてこなかったということは否定できないことだと思います。だから浄土真宗のお同行といわれるかたがたは、よきにつけ、あしきにつけ、辛抱強いということが美徳にされていました。それはたしかに美徳になることもあります。やたらに腹を立てて人を殴っているというのは美徳にはなりませんから、辛抱強いということはやはり美徳になります。ところが、仏教の語らいの中で、辛抱強くいつまでも耐えていることが大事だといわれると、これは困るのです。そういうことによってほんとうに言うべきことまで言わない人間を作ってしまう。ほんとうに発言すべきことまで発言できない人間を作ってしまうことになるからです。人間は痛いときは痛いと正直に言える。悲しいときは悲しいと泣ける。その涙の底から、その痛みを訴える底から人間が大きく転換していくということがなければ、ほんとうの救いにならないのです。

中村久子さんは、親鸞聖人はあきらめきれないわが身というものを正直にあきらめきれないと言い切られ、そのことを通してお慈悲を実感され、そして念仏を通して自力無功のわが身を一日一日と見詰めながら生きていくという健康な生き方を教えてくださるのが親鸞聖人の教えだと言われているのです。ところが、浄土真宗の教えを伝える人々が、中村久子さんのような人に対して、前世の種まきが悪いとか、あれは前世の報いでそうなったのだとか、無責任極まりないことを、平気で言ってきたのです。「よほど前世の種まきが悪かったのだ」ということばは、ほんとうに人権問題です。そんなこと言えるはずがないのです。そんなことをもし仏法が言うのだったら、仏法それ自体がもうすでにして人間にとって大事なものを失わしめていくということになります。それが個の問題としての宿業ということが伝えられてくる筋道の中で過ってきたことなのです。このことはやはり十三条を御いっしょに拝読しながら、そのお心を窺っていこうとするとき、大事なこととしてどこかできっちりさせておかなければいけないことだと思います。そしてまた、いままでの教えがどうであったといたしましても、それが親鸞聖人の教えと違っていたならば、やはりそれは私たちの責任として正していかなければならないと思うのです。

宿業という教えの伝達の過ちを通して、浄土真宗の救いというものがあきらめと忍従、辛抱するということを中身とする形で人々に作用してきたということ、そのことをはっきりと押さえておきたいのです。

中村久子さんのことばを通して私たちが受けてきた教えを見直してみますと、浄土真宗の教えの中にあきらめを強要するという部分が、いろいろな形でかなり色濃くあって、無理にでもあきらめることのできる人がよりよき信仰者である、信心の行者であるというふうな組み立てがあり過ぎたのではないかと思います。そのように、宿業ということばの教化を中心にして、浄土真宗の教えが非常に大きな問題を日本人の歴史の中でひき起こし続けてきたということを忘れてはならないと思います。

具体的には、被差別部落の人々に対して積極的に働き、人々に現実をあきらめることを強いてきたのです。

屠沽の下類と共に

ところが親鸞聖人は、御自分の信仰を社会の中で差別され排除されていた人々とともに確かめられていったということがあるのです。

親鸞聖人は法然上人とともに流罪とされましたが、五年の後に罪が許されてからも京都へ帰らないで、関東の荒れ地へ向かわれました。そして二十年の間親鸞聖人は関東の人々とともに生きていかれたのですが、その関東のいなかの人々が、親鸞聖人が法然上人から聞き取った本願念仏の教えをほんとうに大乗仏教の究極の教えであると身をもって証明してくれたのです。関東のいなかの人々というのは、実は今日でいうならば、被差別民衆と同じような生活へ追い込まれていた人たちが大部分だったのです。親鸞聖人御自身のおことばの中に、屠ということばが多く使われています。屠というのは屠殺の屠で、生き物の命を殺すということです。親鸞聖人は、屠沽の下類の屠という字について、「屠は、よろずのいきたるものを、ころし、ほふるものなり。これを、りょうしというものなり」とはっきりおっしゃっています。ですから親鸞聖人は、屠ということばによって、「生きたるものを殺しほふる」ことをなりわいとして生きている人たちを具体的に指し示しておられるのです。ところが、生き物の命を殺すことをなりわいとする人たちというのは、つい近々までやはり排除されていたのです。しかしこれは、ほんとうはとんでもない矛盾なのです。昔は動物の肉は食べないとか、そういうものを食べるのは下等だとかいうようなことが一般に言われておったように思いますけれども、それはうそです。どうしてうそかというと、たとえば侍が戦場へ出ていこうとしたときに栄養分となるのはなにかといったら、触発的な力、一挙に力を出そうとすると、やはり植物性のものだけではだめであって、どうしたって生き物の命を殺してものを食べていかざるを得ないわけです。

　ですから肉食ということは、もう大昔から日本人の生活の中に定着していたことなのです。ところが、肉食は定着していたにもかかわらず、生き物の命を殺すという、いちばん先端の仕事をする人たちは、実は特別な人として見られていたのです。ああいう人たちは、生き物の命を殺しているから殺生罪を犯しているのだ。殺生罪を犯しているというのは、やはり人間でない。こういうふうに考えられていたのです。

ところがそういうことに対して親鸞聖人は、そういうふうに人を排除することが人間でなくなることの根本原因だとおっしゃるのです。生き物を殺すような仕事をする人は、これは人間以下だ。それに対して僧侶のような仕事をしている人はありがたいりっぱな人だ。こういうものの考え方が人間を人間でなくしていくのです。みんなそれぞれにまさしく宿業として生き物を殺すことをなりわいとし、宿業として僧侶という生活をなりわいとしているのです。そこにはなんの変わりもない。仕事の役割分担が違っているだけです。この世の中を形成し作っていく役割分担が違っていて、その一つの役割分担がなくなっても、全体の社会が成り立っていかないということです。親鸞聖人は職業、身分、その他によって人間に高下が付けられていき、それによって人間が排除したり、排除されたりしていくような関係を生きていかなくてならないということは、人間にとっていちばん悲しいことだ。悪いとかいいとかいう判断よりも、親鸞聖人のお考えでは、それがいちばん人間にとって悲しいことなのです。やはりみんな同じように人間として生きてきたのだし、そしてもう二度と生まれてくるという保障がないのですから、そういう人間があれやこれやと言い合いながら、一生を棒に振ってしまうということは悲しいことです。

それをもっと違うことばで、親鸞聖人のおことばで言うと、ほんとうにこの世になんのために生まれてきたのかという所詮がわからないということではないでしょうか。そこまでおっしゃっていこうとするのが親鸞聖人のお教えなのです。しかもそういうことを親鸞聖人にことばとしてはっきり文字として表現をさせたのは、単に仏教の道理がそういうことを語るにふさわしい道理であったからということだけではありません。むしろその仏教の道理が、まちがいなしに人間を平等にし、ともに手を取り合える同朋にしていく教えだということを証明してくれた人たちがおったからです。そのことを証明してくれた人たちは、実はその時代その時代に世の中から排除されていた人たちだったのです。

いちばん底辺に追い込まれた人たちといっしょに二十年生きることを通して、はじめて仏法が真実だ、本願念仏のおみ法はまちがいないということをその人たちのうなずきで証明をしてもらうことによって、親鸞聖人はその人たちを御同朋と呼び続けて生きてこられたのです。だといたしますと、いまの部落差別の問題、同和の問題ということも、なにも江戸時代以降門徒制度ができて、そして真宗の御門徒にその人たちがなったから、われわれも真宗の門徒だから、その同じような御門徒として、そこで問題を解決していかなくてはならないというだけの話ではなくて、親鸞聖人のお教えのもとへ返していっても、やはり宗教の問題、浄土真宗の仏法を明らかにしていく中で大事な問題として、大きく確かめをしていかなくてはならないということがあるのではないかと思うわけです。

宿業の疑問に答える経典

いままでお話ししてきましたように、宿業ということが具体的な社会問題としてもさまざまな問題をひき起こし、また社会のひずみを作り、個人の救いを曲げていったということはたしかです。ところが、宿業の問題は、それだけのことが了解され解決されれば完全に終わるというようなことでない。そのことは、私が力説しなくても、みなさんがたは実感としておそらくうなずいておいでになることではないでしょうか。宿業ということばの響きだけではなくて、宿業というふうに言わなくてはならない何事かが自分にわからないこととして、やはりあるのではないでしょうか。それが私は、宿業ということについてのいちばん大きな問題だと思います。そしてそのいちばん大きな問題を、いちばん適切に、そしてそれを主題的に扱って教えてくださった経典がさきに触れました『仏説観無量寿経』です。同朋会運動のテキストとして『現代の聖典』というものが作られました。そのときの聖典になっていたのが『観無量寿経』の全部ではなくて、『観無量寿経』の序分、いちばん最初の王舎城の悲劇といわれる部分だったのです。

王舎城の悲劇といわれる『観無量寿経』の序分が、なぜ『現代の聖典』といわれるような意味を持っているのかといいますと、それはそれを決められたときのいろいろないきさつはありましょうけれども、私はひと言で申しますと、いちばんわからん宿業という問題からお釈迦さまにお教えを聞こうということをはっきり打ち出した経典が『観無量寿経』の序分だからだと、こう私は了解しています。『観無量寿経』の序分は、一点へ集中してくるとするとどこへ集中してくるかというと、宿業ということが納得できませんという問いに対して、仏さまがどう御返事くださるのかということなのです。序分というのは教えがそこから始まるのに先立つ部分ですから、序分で人間が尋ねたことと、お釈迦さまの教えがちくはぐで語られたならば、いくらりっぱな教えでも、なんの役にも立たないでしょう。足が痛いといっている人に、頭痛の薬飲んだらいいですよといくら言ったってなんにもならないでしょう。やはり足が痛いという人には、足が痛いということに応じて、薬を与えなくてはだめなのです。

ところで、『観無量寿経』の序分の主題は、宿業が私にはわかりませんという韋提希夫人の問いです。宿業といわれる事柄が私には承知できません。宿業が承知できない私はどうしたらほんとうに人間として生きていけるのでしょうか、こう尋ねるのが『観無量寿経』序分の主題です。

韋提希夫人はほんとうに賢明な夫人でしたから、自分の思い付くかぎりのことをして、七重の牢獄に閉じ込められた夫の頻婆娑羅王の命を救おうとしたのです。そのうちにはやはり親子なんだから、一時反逆をしたけれども、やがて息子の阿闍世も改心してくれるのではないかという期待をかけて、一生懸命に努力した結果、事は期待とは裏腹に、それをした自分自身がわが子阿闍世のために一室へ閉じ込められるという結果になってしまったのです。

そしてその韋提希夫人がお釈迦さまに遇ったときになにを聞いたのかといいますと、経典のことばで申しますと、「世尊、我、宿《むかし》何の罪ありてか、この悪子を生ずる。世尊また何等の因縁ましましてか、提婆達多と共に眷属たる」ということだったのです。

これを私はこういうふうに訳しました。「世尊よ、私はなんの報いでこのような悪い子どもを生まねばならないのでしょうか。それにまた、み仏でましますあなたさままでが、どうしてあの憎い提婆達多といとこであるばかりでなく、提婆達多をお弟子にまでなさっているのですか。私にはそのことがわかりません」。

悩んで悲しんで苦しんで、お釈迦さまに救ってもらいたいというのが本音であるはずの韋提希夫人が、目の前にお出ましになったお釈迦さまを見た途端に、ありがたいということばが出てきたのではないのです。恨み事が出てきたのです。恨みという形を取った問いが出てきたのです。それはなにかといったら、世尊よ、私は昔どういう悪いことをした報いでいまこんな悪い子どもの親にならなくてはならないのでしょうかと、これが一つです。

そしてもう一つは、私の息子である阿闍世をそそのかしたのは提婆達多という人だけれども、よく考えてみると、お釈迦さまと提婆達多はどうしていとこなのですか。いとこなのはまあしようがないとしましても、その提婆達多を仏弟子になさっているのはあなたではありませんか。あなたは私を救う、救うといっていながら、私を苦しめる張本人はあなたでしょうというところまで韋提希夫人はお釈迦さまを目の前にして言ったのです。

ここでお考えいただきたいのですが、ほんとうに私を救ってくださるはずのお釈迦さまを目の前にしたとき、韋提希夫人だけではなく、私たちは、韋提希夫人が尋ねたと同じような問いをある意味では恨みを込めて尋ねるのではないでしょうか。ひと言で申しますと、お釈迦さま、私はどうして私なんでしょうか、それがわかりません。そういうことでしょう。おなかを痛めて産んだ子どもが悪いことをしたのだけれども、私が、昔なにか悪いことをしたのでしょうか。その報いでこんな悪い子どもを産まなくてはならなくなったのでしょうかという問いです。悪い子どもになった理由はいろいろあるかもしれません。でも直感的には私はどうしてこんな悪い子どもの母親として生きていなくてはならないのでしょうかということでしょう。

王舎城の悲劇の中の話ですから、そういう形で問うていますけれども、私なら私、みなさんがたならみなさんがた、それぞれの御家庭の中で、自分がどうしても問わなくてはならないこと、一つ出せといわれたら、おそらくそれしかないのではないですか。私はなんで私なのでしょうか。私はなんで私としていなくてはいけないのでしょうか。あの人のようにどうして生きていけないのでしょうかと、あの人だったらよほど幸せだったのに、どうして私はあの人でないのでしょうかと、こういうものの言い方をしますと、そんなむちゃくちゃなことをいったってどうにもならんとみなさんがたは冷静にお考えになるでしょうけれども、冷静にお考えになる底のほうに、その問いがかならずあるのです。

あの人にはなれないことがわかっていても、あの人があんなに幸せなのに、どうして私はあの人のような私でないのですかと問うのです。これが「我、宿何の罪ありてか、この悪子を生ずる」。結局私は過去に何事かの事をやったかわからない、わからないけれども、結果である今日がこういう生き方をしなくてはならないということは、なにか過去に私にはわからない、クエスチョンマークの部分があるのではないだろうか。だからいまはこんなことになっているのではないだろうか。そういう問いをお釈迦さまに投げ付けた。

韋提希夫人は、そんなことをおそらくお釈迦さまを目の前にしない間は、口が裂けても言わなかったと思います。人間というのは、苦しみのど真ん中へ落ち込んで、自殺するときにもかっこよく死ぬというのが人間です。はっきり申しておきますけれども、自殺するときにも、自分で考え得るいちばん格好のいい自殺の方法をとるのが人間です。自殺するのだから、死んでいくのだから、この世からさよならするのだから、野たれ死にしようがどうしようがいいではないかとは人間は言いません。それを言うのは親鸞聖人ぐらいです。臨終がどうであろうとも、そんなことは問題にならんとおっしゃるのは親鸞聖人ぐらいです。やはり死のぎりぎり、自分に絶望して死んでいくときまでかっこよく死んでいこうというのが人間の根性です。その根性の裏に隠れているものはなにかというと、かっこよく死んでいこうとするのだけれども、事実は思いどおりにかっこよくならないということがあるのです。そのかっこよくならない部分をどうして私はこんな悪い子どもの親でなくてはならないのでしょうかという形で尋ねる。あるいはどうして同じ兄弟でありながら、姉さんはあんなに幸せなのに、私はどうしてこんなななのでしょうかと尋ねる。これがおそらく、人間である存在がみんな真実に向かって尋ねるただ一つの問いだと思います。この問いの解決がつけば、あとのもろもろはそこへ全部吸収されてきて、解決の方向が見えてくるのだと思います。

ところが厄介なことにもう一つ、「世尊、我、宿何の罪ありてか、この悪子を生ずる」と言ったあとに、「世尊また何等の因縁ましましてか、提婆達多と共に眷属たる」、こう言ったのです。お釈迦さまにいままで慰めていただいていた。苦しいことも悲しいこともあったけれども、自分は幸い仏弟子とさせていただいていたおかげさまで、お釈迦さまのお慰めをいただいて、あるいはお釈迦さまのお弟子の慰めを聞かせていただくことによって、なんとか耐えてきましたと韋提希は言っていたのです。

ところがそのいちばん根っこにある問いをぶつけるようにして、恨み事をぶつけるようにして出した途端に、その次に出てきたのはなにかといったら、「お釈迦さま、あんたが悪い」ということだったのです。あなたはいままで私を救ってくれるはずだと思っていたけれども、ここまできて自分のいちばん問わなくてはならない問いを口に出してしまったら、その次にあとを追うようにしてもう一つの問いが出てきた。それはなにかというと、宗教はほんとうに私を救いますか。仏法はほんとうに私を救いますか。この問いにほんとうにこたえてくれますか。どうも私の見る目では、仏法は私を救うような顔をしていて、私を苦しめる材料になっているような気がします。きわめて厳しい現代語訳をしますと、そういうふうに韋提希夫人は言ったのでしょう。

お釈迦さまはどうして私の子どもをそそのかした提婆達多といとこなのですか。それはまあしようがないとしても、その悪い提婆達多をなぜお弟子にしているのですか。そういうことをするから、私の息子が悪いことをしだしたのですよというのです。いっぺんは悪い子どもの親になぜならなくてはならないかといった途端に、こんどはお釈迦さまに責任を転嫁して、結局お釈迦さまが悪いから、私の子どもが悪くなったというのです。お釈迦さまが悪くて、きちっとしておいてくれないから、提婆達多が私のいい子をそそのかしたのだ。結局悪い子にして、親殺しさせてしまったのだ。親殺しをしたのは自分の手を下したか、自分の口で殺したかはぬきにして、親殺しをしたのは私の子どもであるから、それは私の子どもとしてはこんな悪い子はないと言わざるを得ないけれども、悪い子にしたのは、お釈迦さまのいとこで、あなたのお弟子ですよ。あなたのお弟子がなんにも言わなければ、あるいはあなたのお弟子がほんとうの救いの道を説いてくれたならば、あの子も悪い子にはならなかったはずだ。それが悪い子になってこんなことになってしまったのではないですか。責任をどう取ってくれますかと、そこまで言いたいようなものが底流にあって、あの二つの問いが出てきておるのが『観無量寿経』です。

これは、私の話が乱暴なのではないのです。人間の問い方がみんな乱暴なのです。かっこよく乱暴に尋ねるか、きれいに乱暴に尋ねるかの違いであって、尋ねたいことは、すっ裸になって尋ねたら、そういうことになるのです。ですからこの問いは、韋提希夫人自身が自ら身につけていた飾り物を引きちぎって、身を大地にたたきつけるようにしてほうり出すようにしまして、そして号泣して、わあっと泣き叫んで、その泣き叫んだ中からこういうふうにお釈迦さまにお尋ねしたと経典には書いてあります。

人間が泣き叫ぶのをどこかで辛抱して、押さえておれる間は本音を出さないのです、人間は。宗教を、あるいは仏法を聞いているといっても、そのさめざめと泣く程度で押さえている感覚で聞いているときの仏法というのは、やがて最後の問わなくてはならない問いを問うたときに、恨みの対象になるのです。それを超えないと、私たちにはほんとうの意味で仏法が私たちにとって決定的な救いを明らかにする教えだということはわからない。そして救いとはなんであるかということもわからない。こうなりますと、宿業の問題は、個に働きかけた教化の過ち、あるいは社会の人々に働きかけた教化の過ちということだけでは終わらないのです。そのもとにもうひとつ人間自身が問わなくてはならない問いに仏法はどうこたえてくれるかというたときの問いの中身が宿業なのです。ですから人間は仏さまになにを問うのか。それは宿業のわが身が私には承服ができません。けれどもなぜ生きていなくてはならないのでしょうか。これを尋ねるのが私は、宿業ということばが持っている意味だと思います。

部落内の門徒衆へ

ところで、宿業の教化の過ちが犯した例として、部落差別の問題と、それから中村久子さんのことばとを出してお話をしてきましたけれども、その中村久子さんの発言も被差別部落の人たちの発言も、両方とも宿業ということについての教え方がまちがっているということだけへの指摘ではないということを考えさせられるのです。それだけの指摘であるならば、いくらでも例はあります。べつに被差別部落の話を出さなくても、あるいは中村久子さんに御登場いただかなくても、私自身の六十六年の一生を例に出しても十分話は通じます。ですから被差別部落、そして中村久子さんのことを私が出しましたのは、一つの例として出したのではないのです。この差別を受けている部落の人たちが、そのことを通してわれわれに大きな問いかけをしているという、その問いかけが私たちにほんとうに聞こえるかどうかということがいちばん大きい問題だということなのです。

被差別部落の人たちのわれわれに対する問い掛け、そして中村久子さんのわれわれに対する問い掛け、その問い掛けはなになのか。単に宿業がまちがっている、宿業の説き方が悪かったという話なのかどうかというところをはっきりさせておかなければならないためにお話をしたのです。

大正十一年（一九二二）に全国水平社という名まえの部落差別解放の主体的運動団体ができました。その全国水平社が大正十一年に発足をするときの宣言文があるのですけれども、その宣言文を書いたのが本願寺派の奈良のお寺のかたで西光万吉というかたです。本名は清原一隆というお名まえだったのですけれども、西光万吉というペンネームを使っておられた。絵も描かれるし、詩も書かれるし、戯曲も書かれるし、すぐれた文学者でもあった人なのです。その人が中心になって全国水平社の創立の宣言文というのを書かれました。その全国水平社ができました同じ年ですけれども、その宣言文とは別のものですが、初代の中央委員長をやっておられた南梅吉さんが東西両本願寺に対して、これから二十年間募財をお断りさせていただきたいという届けを出すのです。被差別部落の八十パーセントが東西両本願寺の御門徒です。ずいぶん苦しい、貧困で劣悪な生活の状況の中で、非常に熱心な信仰に生きる人たちが多いところです。だからもう食べるものも食べないで、一生懸命になって御本山へ上納しておられたわけです。ところが、このままではとてもではないけれども、われわれは人間になれないのではないだろうかということに気が付いて全国水平社という解放のための組織を作った。しかし、やはり人間になるためには、人間になるのだと踏ん張れる足場がなくてはならない。そのためにはやはりお金が要るわけです。私は実際そういうのを知っておりますけれども、最近はずいぶん改善されているとはいうものの、現在でもなおかつ改善されていない部分を見てみますと、ほんとうに掘っ立て小屋に住んでいるような状態です。共同トイレで、炊事も共同炊事場を使っているというところがたくさんあるのです。

ましてや大正十一年のころとなりますと、これはもうほんとうにたいへんな状態だったのです。そこで全国水平社ができましたときに、まず最初に東西両本願寺に対して、いままでお取り持ちをさせていただいてきたけれども、そのお取り持ちを二十年間お断りさせていただきたい。いままでお取り持ちさせていただいてきたそれだけのお金をなんとか私たちが人間になっていく第一歩の足場固めに使わせていただきたいということを決議して申し出ておられるのです。そのとき両本願寺に出した文章はともかくとして、部落の中にいる御門徒の人たち、自分らといっしょに生活している御門徒の人たちに、次のような説明のための文章を書いて配っておられるのです。そう長い文でもありませんから、全部読んでみます。

「部落内の門徒衆へ!」という題がついていまして、

我々は今日まで穢多だとか特殊だとか言ふ忌はしい呼声を以て一般世間の人から軽蔑され同じ開山上人の御門徒仲間からさへ人間らしい付合がして貰へませんでした。向後も此儘にして置きましたら幾十年或は幾百年経つても同じ事だと思ひます。そこで吾々は今回水平社なる結団を起して此の忌まわしい差別を除かうと言ふ運動を起しました。つきましては我々の実力を養ふて立派な生活が出来る様にする事が第一だと信じます。

それにつけては色々と方法もありませうが、私共は先づ第一に我々の親筋に当る本願寺に御頼みして向後二十年間何の御取持ちをも見合させて貰う事にし、且それだけの費用を以て我々の実力を養ひたいと思ひます。実際考へて見ると一般から敵国人の様に取扱われ苦しみの中から今日迄本願寺に御取持して莫大な懇志を運ぶ事も結構かわ知れませぬが吾々が早く此の忌わしい差別を取除いて真実御同行御同朋と仰せられたやうに如何なる人達とも交際出来るようにする方が何の位御開山様の思召に叶ふ事か知れません。

ついては既に本願寺へも此の事を申出ておいた事ですから御不自由のない方も又不如意の方も共に御付合い下さつて私共の主張に御賛成下され飽くまで此の人間と人間同志がいがみ合ひして居る差別の世界を立派な暖かい世界にするように御骨折を願ひます。

御開山様がもし得道せられてもそのまゝで在り来りの昨日の日暮しを今日もくりかへして居られたなれば私共は決してこの有難い御慈悲をいたゞく事はおろか其のお名まへさへ知らずに居るでしよう、御開山も同じ凡夫です、何んなにか気楽な安穏な日暮しをのぞまれたでしよう。然し御開山はあさましい凡夫の誰れも彼れもが同じ仏のお慈悲の子である有難さに気付れた時同じ凡夫のやるせなさにたへかねて心ろのドン底から御同行御同朋と手を握り抱擁き合ひ度い願に引かれてじつとしては居られないで食ふや食はずで定つた住家も無く彷ひあるかれたのです。そしておしまいには京の町で一人の肉親の介抱もない老衰の身を侘しい同行の宅へ寄せて死後の体は灰にして鴨川の水へ流す様にと御遺言せられた、淋しい御往生までの御心持を思つて見れば、私共は自分で出来得る程の事さへ為てみようともしないで無慚無愧で誑したり、いゝかげんな懺悔へ逃げこむだり御念仏を弄むだりする様な事ではとても出来無い筈のものです、誰れも彼れもが同じ仏の御慈悲の子である事の有難さがいただけたなれば御同行御同朋の間には何の不合理な差別もなければ忌はしいわだかまりもある可き筈ではありませんがしかも御開山御在世の時から七百年にも近い今日依然としてこれがあると云う事は御同行御同朋と称する人達が心から黒衣や俗衣で石を枕に血と涙で御苦労下さつた御開山の御同行ではなくて色衣や金襴の袈裟を着飾つて念仏称名を売買する人達の同行ではないでしようか。

迂つかり称へたなれば首が飛ぶ様なおそろしいなかを真に此世も未来の世も地獄を一定の住家ときめて命がけでお伝へ下さつた程の御念仏を小唄気分でお唱できる気やす

さを思へば思ふ程一方ではあだやおろそかには出来ない事も思はせていただかねばならぬ筈です。

そこで私共はよくよく吟味して私共の御同行のほんとの御すがたを拝まねばなりません。

墨染の衣さへ剝取られて罪人としてなつかしい京を追放されてゞも罪免るされて戻り帰つた京の町でのたれ死にするまでもなほ念仏称名のうちに賤しいもの穢れたものと蔑まれていた沓造も非人も何の差別もなく御同行御同朋と抱き合つて下さつた、そしてまだ御自分を無慚無愧とあやまつて下さるこの御慈悲のまへにこそ私共は身も心も投げださずにおられません、この御開山が私共の御同行です、私共はこの御開山の御同朋です。

地獄へまでもこの御同朋と共にある時私共は力強い、私共は白刃の下へも突き進む、金襴の袈裟にも誑されはしない、私共のまへにはすべての人は皆んな仏の御慈悲の子です、同行同朋を虐めた金で百の堂塔を建てたとて千の伽藍を立てたとて何んでそれが有難からう何んでそれが御恩報謝、況んや自力根性の功徳おやです、御開山の御同行であるなれば出来もしない懺悔にかくれたり無慚無愧を楯にとつたりすることをやめて、もつと皆んなが御同行同朋と仲よく暮せる世の中にする事が第一です、それがほんとに御恩報謝と云ふものでしよう、とても駄目だと云うことは御同朋の云う可きことではないと思ひます。(『部落問題学習資料集』真宗大谷派宗務所発行より)

こういう檄文を出しているのです。

親鸞聖人のお心に帰る

これを読みますと、部落差別を受けている人たちがなにを思っておられるのかということがよくわかります。わしらがもっと楽になるのがいいのだ。わしらがもっと人間らしい生活ができればいいのだという話をしているのかといいますと、そうではない。終始一貫ずっと底を流れているのは、私たちはありがたいことに親鸞聖人の御同朋と親鸞聖人から呼び掛けられてきた人間だ。ところが、一般の人たちから人間扱いされないだけではなく、同じ親鸞聖人の教えを聞く御同朋という人たちからもつまはじきされるような生活をしていた。だからなんとかその人たちにも、私たちも人間であるということがわかってもらえるような力をつけるために募財を二十年間やめることを許可してほしいということを願い出たのだから、われわれもそのつもりでほんとうに努力していかなくてはいけないと、御自分たちに、部落内の大衆に対していうているのです。

そのために私たちは、親鸞聖人の御苦労が単なる夢物語の御苦労ではなくて、ほんとうに御同朋御同行と言い合える人間の在り方を明らかにしてくださるために御苦労になってくださったのだ、こう押さえていかれるわけです。だから親鸞聖人も凡夫ですと、凡夫だから、できることなら楽をしたいと思ったこともないとはいえないでしょう。しかしみんながほんとうに人間らしく手を取り合っていけるような、そういう人間社会が生まれてくることを願ったとき、そちらのほうへ向かって歩かなくてはおれなかったのではないかと思うと言われるのです。私は、南梅吉さんがどこでこんな勉強をなさったのだろうかと思うのです。私も真宗の勉強をさせてもらいましたけれども、いったいどこでこんな感覚で親鸞聖人に触れる道を見いだされたのだろうかと感心させられるのです。そして同時に、私が親鸞聖人に触れている感覚はいったいどんな感覚なのだろうかと問い返されるような文章です。

この文章を読んでおりますと、力みとか、恨みとかいう感情は、読めば読むほどなくなっていくのです。むしろ私なら私に対して、あなた、親鸞聖人の教えを聞く人間ならば、御同朋御同行でしょう。だったら同じ御同朋御同行と親鸞聖人がおっしゃってくださった、そのお互いが手を取り合い、仲良く差別のない世の中をいっしょに作っていくということがほんとうではないのですか。御恩報謝というのはそういうことではないですかと、こういうふうに教えてくださっているように思えるわけです。私も含めて、あなたたちはほんとうに親鸞聖人の御同朋と呼び掛けてくださったお心にこたえておられるのですか。あなたたちが御恩報謝とおっしゃっておられるけれども、その御恩報謝の中身はなんなんですか、こう問い掛けてくださっているわけです。私はそういうふうに了解をさせてもらいました。あえて宿業の問題がきわめて悪しき意味でこの人たちを被差別の状況に追い込み続けてきたということをお話ししましたけれども、でもこの人たちは、それをばねにして、逆に親鸞聖人の御同朋御同行の交わりを進めてくださったのです。親鸞聖人の御同朋御同行のお心に帰るには、しいたげられた私たちが、しいたげてきた人間との関係というものの中で、どこか親鸞聖人にそむいているということがあるのではないのか。そのへんをはっきりさせていかなくてはいけないのではないでしょうかという、そういう一つの大きな呼び掛け、はっきり申しますと同朋からの告発があるのです。同朋から、あなたがたの教えの聞き方、基本のところでまちがっていなかったでしょうかと問い掛けられている。

親鸞聖人は沓造りというような、いやしめられる仕事をしている人たちも、非人と呼ばれる人たちも、どんな人もみんな御同朋御同行と手を取り合って抱き合うような、そういう温かい世界を作っておられた。それがなぜ親鸞聖人のお教えを聞く浄土真宗のお流れの中で生まれてこないのでしょうか、こういう問い掛けです。

ことばを換えていえば、部落問題にかかわって、部落差別がないようにしていこうというこうことに努めるということは、実は親鸞聖人のお教えに素直になるということとイコールなのだということを教えてくださっている。だからその中で宿業ということがまちがいないのではなくて、宿業ということがほんとうの親鸞聖人のおっしゃる教えの内容として伝わらないで、逆な作用として伝わってきたのではないですか、こういうことを教えてもらったという気がしてならないのです。

もう一つ、中村久子さんについてですが、実は中村久子さんのおことばを御紹介したときに省略したのですけれども、あのことばの前に中村久子さんは、こういっておられるのです。

いかなるりっぱな地位や肩書きやバックがあっても、あなたは前世の業だからと高いところから言い放つことは、他の御宗旨は知らず、親鸞さまのおみ法からはけっしてこんな思い上がったことは言われないのではないでしょうか。

こういう一文がさきにあって、この前申し上げた文章になっていくのです。

中村久子さんが両手両足を失って六十年生きてきたのは、あきらめきっておるのではありません、こういっておってくださることの前に、この文章があるわけです。とするとこれもやはり両手両足のない、体を張って私たちにあなたがたが聞いてき、あなたがたがうなずいている浄土真宗のおみ法、親鸞聖人のおみ法の聞き方の中に行き届かないものがあるのではないですか。すくなくとも両手両足のない一人の人がおるとして、その人に、あんたは前世の業の報いだから、それはしかたがないというようなことは、他の御宗旨のことは私は知らないから言わないけれども、すくなくとも親鸞さまはそんなことは、そんな高慢なことはけっしておっしゃらないと私は思います、と言っておられるのです。

「あなたは前世の業の報いだから我慢しなさい」、そういうことばが語られてくる浄土真宗の状況の中で、それが自分の体へしっかりと聞こえてくる中で、それに対して、「それ、違いますよ」、親鸞聖人はそうはおっしゃらないはずですよといわれるのです。親鸞聖人の教えであるという形で伝えられて、前世の種まき、前世の業等々という形でこの世をあきらめさせようとしてきたその教えは、親鸞聖人の御本意と違うのではないですか。

「あきらめきれるかあきらめきれないか、両手両足を切って、そのうえでおっしゃってください」とまでおっしゃっておられますけれども、そういうところで中村久子さんのおことばを聞き直しますと、単に恨みごとを言っておられるのではありません。あるいは被差別部落の人たちの発言をあらためて聞き直しますと、単に理不尽だということに対する抵抗ではないのです。もっと根っこに温かいものがあるのです。それはなにかといったら、親鸞聖人のおことばにほんとうに耳傾けましょう。いろいろのことがあるけれども、親鸞聖人のほんとうのお心はなんだったのかということに耳傾けていけるようなお互いになりましょう。このような呼び掛けが、私たちに聞こえてきてはじめて、宿業ということも大事な大事な親鸞聖人のお教えのかなめなのだということがわかってくるのではないかなということを思うのです。

宿業という身の事実を知る

私の後輩ですけれども、部落問題の活動に一生懸命になっておった一人の青年が、いろいろな壁にぶつかって、ついに自分の成し遂げようとする方向付けができなくなってしまいまして自殺に近い状態で亡くなりました。その青年が亡くなる数か月前に私にこう言いました。「先生、人間にとっていちばん大事なことはなんだと思いますか」と。私、ちょっと返事に詰まっておりましたら、私の返事を待たないで、その青年は、「それは優しさですよ。ほんとうの優しさは、自分とも、他ともけっして妥協のできない心ですからね」と言いました。人間にとっていちばん大事なのは、ほんとうの優しさだ。その優しさというものは、ほんとうの優しさというものは、自分にも、他の人にもけっして妥協のできない心なんですよということを、つぶやくように言うて帰っていきました。そのことばと同じように、いまの文章の中にも、一貫してあるものはなにかといったら、優しさです。優しさなんて、ほんとうに平凡なことばです。平凡なことばですけれども、漢字で書くと「優しさ」。この字はよく見るとおもしろい字です。人間の横に憂えると書きます。人偏を取りますと「憂」です。これだとべつに優しいというような感覚の意味は出てこないでしょう。憂いということばがいちばん近い意味を持っています。憂いというのは、べつにうれしいことではありませんから、悲しいことであり、つらいことであり、そのままじっとしておれないことです。

「憂」の横に人偏を書いて、人の憂いと書いて、それを読むときに優しい、優しさという読み方をさせております。私はこのことに最近気がついたのです。ははは、優しさという字を日本人が中国のことばに合わせながら優しいということばを読み下していくときに、この字をなぜ使ったのかということを気がつかなかったけれども、優しさというのは、ほんとうの意味ではなにも、なにかに対してかわいそうだとか、気の毒だとかいうような、そんなことではなくて、もっと根っこのところで人間が人間であることを失っていくことに対する深い憂いを実感しながら、そしてまた人間が人間であることを失わされていくような状況をつくっていく、そういう人間の在り方に対して深い悲しみを持ち、深い憂いを持って、そしてほんとうに人が人の憂いを共有しながら、それを乗り越えていく。そして人と人とが御同朋御同行と手を取り合えるような、そういう世界をつくっていくということにつながるのだなということに気がついたのです。私からいえば後輩ですけれども、自ら命を絶ってまでして教えてくれたその優しさというひと言さえもわからないまま来た私が、特に部落問題、そしていまの中村久子さんのことばをあらためて聞き直してみますと、両方ともが優しさということをいっぺんお互いの心の中でほんとうにどうなっているのか確かめてみたらどうでしょうという問い掛けとして聞こえてくるのです。そして同時に、親鸞聖人があの時代に御同朋御同行とおっしゃり、「いし、かわら、つぶてのごとくなるわれら」とおっしゃってくださったお気もちが、いまの世の中ではっきりと人間を救う大きな教えになるのではないでしょうかということを語っておってくれるのではないかなという気がしているのです。

被差別部落の人たちが私たちになにを問い掛けていてくださるのかという思いで、もう一度そのことばをお聞きしてみると、ほんとうに親鸞聖人のお教えが私たちの中でまちがいのない形で生きておるだろうか、どうだろうかということに対する問い掛けだということが言えると思います。あるいは中村久子さんの場合にしましても、親鸞さまはそういうことはけっしておっしゃらないはずだとおっしゃいますけれども、ではその親鸞さまはそういうことをおっしゃらないはずだということを中村久子さんはだれから教えてもらったのでしょうか。私はだれからも教えてもらったのではないと思います。御自分の体から教えてもらったのだと思います。両手両足のない、その体から親鸞聖人というおかたのおことばを味わわせていただいてみると、親鸞聖人のおことばの中には、さきほど書いた文字に合わせて申しますならば、ほんとうの優しさしかない。そのほんとうの優しさの中から出てくることばが、あんたは前世の種まきが悪いからというようなことが出てくるはずがない。だからそれはどこかで違っているのではないか。やはり被差別部落の人たちも苦しみの中で、苦しみを通して私たちが聞いてきた親鸞聖人の教えとは違う角度から親鸞聖人に直結していこうとしておられます。中村久子さんのような身体障害者のかたは、身体障害者であるという体で親鸞聖人の教えを聞いてみると、前世の種まき云々というようなことを親鸞聖人はけっしておっしゃらないかただということを聞き取っていくのです。私たちもそのことを御同朋御同行の人々とともに明らかにしていかなくてはならない責任があるということを確かめておきたいと思います。

ところで、では宿業ということについてこれまでの浄土真宗の教化、お説教がまちがっていたというだけで済むことなのかどうかという問題があります。私は真宗学を勉強しておりますけれども、真宗学ですから親鸞聖人が浄土真宗とおっしゃってくださった仏教を明らかにしていくというのが主眼です。その真宗学が宿業ということをまちがえたということはあると思います。その責任を逃れようとはけっして思いません。しかしながら、もうひとつ深いところには、宿業を語るお説教が、親鸞聖人のお心にかなわない形で伝わっていくというところには、そういうことを成り立たしめる根深い現実というものがあるということを見落としてはいけないと思うのです。やはり宿業を過って受け止めるような要素があるのではないでしょうか。それは言うたほうのまちがいであった。言うたほうがうそばかり言うから、こういうことになったのだと、強くおしかりをなさるのならば、それに対してとやかく弁解はいたしません。あるいはそういう学問をしてきて、それでものを言っておるから、われわれはだまされてきたのだとおっしゃられればひと言もありません。けれども、もう一歩踏み込んで申しますと、やはりそういう教え振りを許してきた、許してきたという人間の根性のようなものがもうひとつあるのだと思うのです。宿業を問題とする場合には、いちばん根っこにある人間であることの愚（無明）、そのようなところにまで問題を突っ込んでいかないとはっきりしないのだと思います。宿業の教えを、だれかがまちがって世の中に広めていったという事実があったとしても、それの成立する根拠がないならば、世の中には芽が生えてくるはずがありません。世の中の根っこにある仕組みというのは単純で、非常にわかりやすいのでしょう。世の中になんにも生えてくる要素がないところには、いくら生えたいと思っても生えないということです。木でも草でもなんでもそうです。

だから条件が整って、そしてそれによって生えてくる。ところが条件が整わなければ、生えてくるはずのものも生えてこないで枯れてしまう。とすると、いまのように宿業という教えが過ちを犯してきた、過って理解されてきた、過って教えられてきたというのは確かに現実の説明であるに違いないとしても、過たれるような要素が人間の中にあるのでしょう。それがはっきりしないと、これはやはりどうにもならんのではないでしょうか。私はそのことを主題のように明らかにして、人間の根性というものを浮き彫りにしてくれた経典が『観無量寿経』という経典だと思うのです。

とすれば宿業ということは、本来親鸞聖人の教えの本筋から言うと、人間の救いの大きな要素なのでしょう。浄土真宗の救いは宿業が明らかになるということが救いの要素なのです。にもかかわらず宿業についてのお話を聞く、あるいは宿業についていろいろなことを知れば知るほど、心の奥が暗くなってくるということがあるでしょう。私はけっして理屈を言っているのではないのです。事実そうでしょうといっているのです。「ああ、前世の宿業やから」と、ひと言うたときに、言っているその人の心は明るいですか、暗いでしょう。暗いけれども、でもなんともしてみようがないからあきらめましょうといって、あきらめきれる間はいいですけれども、またそれで乗り越えていっておるつもりでいるのでしょうが、でもちっとも開かれてきません。いうならば解放されていきません。解放されないかぎりは救われていないということです。そうするとやはり宿業という教えは、基本的には親鸞聖人が明らかにしてくださる本願念仏の救済、教えということでの救いということで申しますならば、宿業というのは救いの第一要素だというてもいいでしょう。それがそういうふうに作用しないというのはなぜかということですけれども、私は、それはひと言で申しますと、宗教心そのものが曖昧だからだと思うのです。私たちが宗教心とか、あるいは御信心とか、求道心とか、聞法の心とかいっているものが曖昧だからです。まちがいだとはいいません、曖昧なのです。はっきりしていないのです。聞法する心がはっきりしていない。道を求める求道の心がはっきりしていない。あるいは信ずる心がなんであるかがはっきりしていない。それを一括して一くくりにして申しますと、宗教心がはっきりしていない。はっきりしてしない宗教心の中で宿業という身の事実をなんとかしようとするから、いよいよもって厄介なことになるのだと思うのです。その点を実は『観無量寿経』という経典がはっきり教えてくれているのだといっていいと思います。

第十三条を読む

『歎異抄』第十三条

つい先日長崎県へ行きました。時間がありましたので、島原大変といわれておる雲仙普賢岳の状況を具体的な体験をしておられる人から、直接お話をお聞きしたいと思い、知人に会うてきました。

大雨になりますと土石流がどんどん流れてくると聞いておりましたけれども、土石流というのはこういうものかと、実際体験を知らされて、ほんとうにびっくり仰天しました。それと同時に、そういう島原大変の中で手のつけようのない毎日を送っておられる人たちの口から宿業ということばを聞かされました。そういうところへ行きますと、意識しないで宿業ということばが出てきても不思議ではないのです。

多くのかたがたの口から、もうほんとうにどうしてみようもない、人間の力ではどうしてみようもないということばが出てきます。土石流の流れの中では死体が判別できないような状態になってしまうのだそうです。これはうちの子どもだとか、これは私のところの主人だとかいうことさえわからなくなってしまうのです。よくテレビで放映される、お葬式をしょっちゅうやっているお寺がありますが、そこのお寺もたいへんなのです。いわゆる不慮の災難で亡くなったかたのお葬式をするというような程度のことではありませんから、不慮の災難には違いないけれども、その不慮の災難のけたが違います。毎日毎日遺骸がそのお寺へ運び込まれて、そのお葬式をするわけですから、お葬式をするお寺さんもすっかり心身ともに疲れ果ててしまっておられるのです。

そういう状態の中で聞かされるといいますか、耳に入ってくることばがやはり宿業ということばなのです。「これも、宿業だな」というような感じの表現でおっしゃる。これまで宿業ということをお話ししてきましたけれども、そうした具体的な事実の中での「宿業」という一言を耳に致しますと、自分の話がそういう人たちの具体的な生活の中で吐息と一つになった宿業ということばの実感とかけ離れた、かなり上水のところで話をしておったのだなということをまざまざと教えられました。やはりそういう状態の中ではどうにもしてみようがないし、どこへ責任を持っていくわけにもいかない。理屈を付けていけば、どこかへ責任を持っていけるという余裕さえもその人間の中に与えられない。ただ自然の猛威は恐ろしいというようなことさえもそこでは言う余裕もない。そんな状態の中で宿業という感覚のことばが出てくるのです。

やはり宿業ということばが、運命といいますか、自分の手の及ばない、なにか大きな力によって自分というものが押しつぶされていくような、そういう感覚で語られているのです。

しかし『歎異抄』の第十三条で説かれている宿業というのはけっしてそのようなことばではないのでしょう。やはり宿業ということは、親鸞聖人のおっしゃるお救い、お助けの根っこにある事柄として明らかにすることが大事だと思うのです。そういうところまでお話をさせていただきたい、また自分でもわかりたいという思いでいるのです。ところで『歎異抄』の十三条というのは、長い文章の中にだいたい大雑把に言いまして三つの確かめをする場所があると思います。その三つの確かめ場所というところによりながら、もう少し本文に添うようにしてお話をさせていただこうかと思います。

もう一度十三条を拝読してみます。

一　弥陀の本願不思議におわしませばとて、悪をおそれざるは、また、本願ぼこりとて、往生かなうべからずということ。この条、本願をうたがう、善悪の宿業をこころえざるなり。よきこころのおこるも、宿善のもよおすゆえなり。悪事のおもわれせらるるも、悪業のはからうゆえなり。故聖人のおおせには、「卯毛羊毛のさきにいるちりばかりもつくるつみの、宿業にあらずということなしとしるべし」とそうらいき。また、あるとき「唯円房はわがいうことをば信ずるか」と、おおせのそうらいしあいだ、「さんぞうろう」と、もうしそうらいしかば、「さらば、いわんことたがうまじきか」と、かさねておおせのそうらいしあいだ、つつしんで領状もうしてそうらいしかば、「たとえば、ひとを千人ころしてんや、しからば往生は一定すべし」と、おおせそうらいしとき、「おおせにてはそうらえども、一人もこの身の器量にては、ころしつべしとも、おぼえずそうろう」と、もうしてそうらいしかば、「さてはいかに親鸞がいうことをたがうまじきとはいうぞ」と。「これにてしるべし。なにごともこころにまかせたることならば、往生のために千人ころせといわんに、すなわちころすべし。しかれども、一人にてもかないぬべき業縁なきによりて、害せざるなり。わがこころのよくて、ころさぬにはあらず。また害せじとおもうとも、百人千人をころすこともあるべし」と、おおせのそうらいしは、われらが、こころのよきをばよしとおもい、あしきことをばあしとおもいて、願の不思議にてたすけたまうということをしらざることを、おおせのそうらいしなり。

ここまでが第一段です。そして、

そのかみ邪見におちたるひとあって、悪をつくりたるものを、たすけんという願にてましませばとて、わざとこのみて悪をつくりて、往生の業とすべきよしをいいて、ようように、あしざまなることのきこえそうらいしとき、御消息に、「くすりあればとて、毒をこのむべからず」と、あそばされてそうろうは、かの邪執をやめんがためなり。まったく、悪は往生のさわりたるべしとにはあらず。「持戒持律にてのみ本願を信ずべくは、われらいかでか生死をはなるべきや」と。かかるあさましき身も、本願にあいたてまつりてこそ、げにほこられそうらえ。さればとて、身にそなえざらん悪業は、よもつくられそうらわじものを。また、「うみかわに、あみをひき、つりをして、世をわたるものも、野やまに、ししをかり、とりをとりて、いのちをつぐともがらも、あきないをもし、田畠をつくりてすぐるひとも、ただおなじことなり」と。

「さるべき業縁のもよおせば、いかなるふるまいもすべし」とこそ、聖人はおおせそうらいしに、

ここまでを第二段と見ます。その後、

当時は後世者ぶりして、よからんものばかり念仏もうすべきように、あるいは道場にはりぶみをして、なむなむのことしたらんものをば、道場へいるべからず、なんどということ、ひとえに賢善精進の相をほかにしめして、うちには虚仮をいだけるものか。願にほこりてつくらんつみも、宿業のもよおすゆえなり。さればよきこともあしきことも、業報にさしまかせて、ひとえに本願をたのみまいらすればこそ、他力にてはそうらえ。『唯信抄』にも、「弥陀いかばかりのちからましますとしりてか、罪業の身なれば、すくわれがたしとおもうべき」とそうろうぞかし。本願にほこるこころのあらんにつけてこそ、他力をたのむ信心も決定しぬべきことにてそうらえ。おおよそ、悪業煩悩を断じつくしてのち、本願を信ぜんのみぞ、願にほこるおもいもなくてよかるべきに、煩悩を断じなば、すなわち仏になり、仏のためには、五劫思惟の願、その詮なくやましまさん。本願ぼこりといましめらるるひとびとも、煩悩不浄、具足せられてこそそうろうげなれ。それは願にほこらるるにあらずや。いかなる悪を、本願ぼ

こりという、いかなる悪か、ほこらぬにてそうろうべきぞや。かえりて、こころおさなきことか。

ここまでを最後の段、つまり第三段と見ていくことができると思います。

文章としてはずいぶん難しいとお感じになるおかたもおいでになるかと思います。ただ、私が第一段と考えていると申しましたところを十分御理解いただければ、あと二段、三段のところはあまりひっかかりなく御了解いただけるのではないかと思います。

『歎異抄』の中の三つの問答

その前にちょっと注意をしておかなくてはならないことは、『歎異抄』全体を通して十三条の持っている意味に注意をしておかなくてはならないと思うのです。それは、宿業ということばからなにごとかを感じる、さきほどの島原大変の例ではありませんけれども、そういった感じをほんとうに超えていくような事柄がそこには語られているのだという、そういうことを申し上げるためにも大事なことなのです。

『歎異抄』というお聖教の中には、問答、問いと答えという形で書かれているところが三か所あります。これはやはりみなことに重要なところなのです。

それはどういうところかと申しますと、ひと言で言いますと、問いと答えという問答という形を通して特に書かれている条は、その主題、そこではっきりさせておかなくてはならないという事柄が共通している。それはなんであるかというと、この『歎異抄』のいちばんかなめである異なりを歎くということ。なんの異なりを歎くのかというと、信心の異なることを歎く。信心の異なりとはどういうことかというと、如来より賜りたる信心と異なる自力の信心に陥っていくことを歎くということです。そういう如来より賜りたる信心というのは、なんか空想のような話なのかというと、そうではありません。実はこういう具体的なことなのですよということを明らかにするために問答という形を設けているのです。ですから問答体で書かれている三つの条というのは、ひと言で申しますと、如来より賜りたる信心とはなんであるかということを、この三つの問答で書かれている内容を通してうなずくことができれば、ある意味では『歎異抄』が言おうとなさる真実の信心ということは明らかになるというふうになっているのです。

その第一は第二条です。いわゆる「おのおの十余か国のさかいをこえて、身命をかえりみずして、たずねきたらしめたまう御こころざし」ということばから始まります。関東の

料金受取人払郵便

京都中央局
承　　認

7670

差出有効期間
平成32年6月
20日まで

(切手をはらずに
お出し下さい)

郵便はがき

6 0 0 8 7 9 0

1 1 0

京都市下京区
正面通烏丸東入

法藏館 **営業部** 行

愛読者カード

本書をお買い上げいただきまして、まことにありがとうございました。
このハガキを、小社へのご意見またはご注文にご利用下さい。

お買上 **書名**

＊本書に関するご感想、ご意見をお聞かせ下さい。

＊出版してほしいテーマ・執筆者名をお聞かせ下さい。

お買上 **書店名**	区市町	**書店**

◆新刊情報はホームページで　http://www.hozokan.co.jp
◆ご注文、ご意見については　info@hozokan.co.jp

18.6.500

ご氏名《ふりがな》		年齢　　歳　男・女
〒□□□-□□□□	電話	
ご住所		
ご職業 (ご宗派)	所属学会等	
ご購読の新聞・雑誌名 （ＰＲ誌を含む）		

ご希望の方に「法藏館・図書目録」をお送りいたします。
送付をご希望の方は右の□の中に✓をご記入下さい。　□

注文書

月　日

書　　名	定　価	部　数
	円	部
	円	部
	円	部
	円	部
	円	部

配本は、○印を付けた方法にして下さい。

イ. **下記書店へ配本して下さい。**
（直接書店にお渡し下さい）

（書店・取次帖合印）

書店様へ＝書店帖合印を捺印の上ご投函下さい。

ロ. **直接送本して下さい。**
代金（書籍代＋送料・手数料）は、お届けの際に現金と引換えにお支払下さい。送料・手数料は、書籍代 計15,000円未満774円、15,000円以上無料です（いずれも税込）。

＊お急ぎのご注文には電話、ＦＡＸもご利用ください。
電話 075-343-0458
FAX 075-371-0458

（個人情報は『個人情報保護法』に基づいてお取扱い致します。）

同朋のかたがたが、関東でいろいろな問題が起こってきて、親鸞聖人はもう京都へお帰りになってしまわれておりますし、どういうふうに事を正していっていいのかわからなくなった。それで、関東から京都まで十余か国を徒歩で歩いてこられて、やっと親鸞聖人のもとへたどりついて、そこで親鸞聖人からお聞きした、その事柄が第二条に説かれているわけなのです。

ところが第二条には、こう尋ねた、ああ尋ねたという、尋ねたほうの質問が出ていないのです。十余か国のさかいをこえて、わざわざ京都へやってきた数人の同朋の人たちがいることは明らかです。ところがそういう人が、私は親鸞聖人にこういうことをお尋ねしたいのですというふうな質問をしたとはどこにも書いてないのです。しかし、どういう質問をしたかということは、親鸞聖人のお答えの形で語られていることの中ではっきりとわかるように説かれているのです。

簡単に申しますと、もしあなたがたの質問したいと思う心の中に、この親鸞が関東でみなさんにお話をし、みなさんもうなずいてくださって、ともに喜び合うた、そのただ念仏の教えの奥深い道理を知っているのではないか。それを教えていただかないと、いま親鸞聖人を失ってしまった関東の中の混乱は収まらないとお考えだとするならば、それはおおきなまちがいです。もしそういう奥深い道理を知りたいとおっしゃるならば、この親鸞ではなくて、比叡山とか、あるいは興福寺を中心とする奈良の寺々でも、浄土教の往生の道を仏教の道理にかなった形で語ってくださるかたはいないとは言えないから、そういう人々のところへ行ってお聞きになるのがいいでしょう。ここまで言い切って、「親鸞におきては、ただ念仏して、弥陀にたすけられまいらすべしと、よきひとのおおせをかぶりて、信ずるほかに別の子細なきなり」、こう言い、「たとい、法然聖人にすかされまいらせて、念仏して地獄におちたりとも、さらに後悔すべからずそうろう」、ここまで言い切ってしまわれるわけです。だからそこではっきり如来より賜りたる信心とはどういうものかというたら、そういうふうに言える人間になれるということなのです。

そういうふうに言える人間というのは、荒っぽい言い方のようですけれども、その親鸞聖人のおことばから逆に私なら私が、すくなくとも宗教ということになにかのかかわりを寄せて生きているといたしますと、その心はどうなっているかというと、単純に申しますと、地獄ということばの内容は抜きにしまして、やはり地獄へ落ちたくない、極楽へ生まれたい。だから御信心が大切だ、だからお念仏を称えなくてはいけないということになっているのではないでしょうか。

ところがそれはまちがいだというのではなくて、そういうふうに思う心の根っこにあるのは、こんどは地獄とか極楽とかそういう仏教のことばを抜きにしますと、得をしたい、損はしたくないということと同じことではないでしょうか。つらいことはやりたくない、楽はしたい。これとも非常によく似たことなのではないでしょうか。極楽へは生まれたい、地獄へ落ちたくない。そのためにお念仏したいというのは、一見筋が通っているようですけれども、中身を確かめてみますと、私たちの普通の日常の要求と同質のものです。地獄へは落ちたくない、極楽へ生まれたい。そのために御信心が必要であり、お念仏が大事だと。この筋道がまちがいだとは申しませんけれども、その中にあるものはなにかというと、得はしたい、損はしたくない。楽はしたい、苦しみに落ちていきたくないという考え方でしょう。それを一歩進めて申しますと、苦しいことは人にさせたい、楽だけはこっちが取りたいという考え方に裏打ちされているのです。

実は宗教といいますか、御信心というのは、そういう自分勝手な思いから私自身が解放されるかされないかということが命なのです。それを『歎異抄』の二条では、あなたがた、命懸けでお尋ねに来てくださった、御苦労さまには違いないけれども、聞きどころが違っているのではないですか。もしなにか深い道理があって、その道理によって地獄へ落ちなくて極楽へ生まれる、それがお念仏の力だ。そのお念仏の力はこういう道理があるからなのだという処方箋が聞きたいのだというならば、それはまったく違いますよ。私のところへおいでになっても、それはお門違いということになりますよ。この親鸞はなにを教えてもらって救われる身になったのかというと、「ただ念仏して弥陀に助けられるあなたになれ」というひと言をよき人法然上人からお聞きをして、その仰せの中で今日まで生き続けてきたのがこの親鸞なのです。だからこの親鸞は、その教えの中に生きていくかぎりにおいて、たとえ法然上人の教えがまちがっていて、そのまちがった教えによってだまされたということがあったとしても、またださまれて地獄へ落ちるというようなことがもしあったとしても、私は法然上人を恨むということはしません。なぜならば私自身はその法然上人のお教えから、地獄は一定すみか、地獄が自分の生きているすみかだということをはっきり見る目を与えていただいたのだから、地獄を恐れて極楽へ行きたいとは思いません。地獄へ落ちる身であるというよりも、地獄をすみかとして生きているのが私であるということを教えていただいたのだから、たとえ法然上人にだまされて地獄へ落ちるということがあったとしても、まったく後悔することはありません。

もしほかの道を、あるいはほかの先生の教えを聞いていて、そのおかげで地獄へ落ちなくてもいいということがあるといたしましても、そのことも私には関係がございません。もともとがいずれの行もおよびがたい身であるということを教えていただいたのだから、ただ念仏して弥陀に助けられるあなたになれという、そのひと言が私の全部なのですと、こうおっしゃっているのです。結局第二条というのは、如来より賜りたる信心というのは、私たちが普通に信心とか信仰とかいっていることの中にある、実は人間の得手勝手が宗教という姿を取り、得手勝手が信心という姿を取り、得手勝手が念仏者という姿を取っていることの決定的な過ちを、親鸞聖人御自身「愚身の信心におきてはかくのごとし」とおっしゃるように、親鸞聖人御自身の信心の中身を全部ガラス張りにして見せるようにして見せてくださることを通して明らかにしておられるのです。そして最後に、「このうえは、念仏をとりて信じたてまつらんとも、またすてんとも、面々の御はからい」であると言われるのです。このうえは、わしについて念仏する身になれとは申しません。私の信心をここまではっきりお聞きになったみなさんが、念仏というのはその程度のものなのかとお考えになってお捨てになるのも、あるいは、なるほど念仏とはそういうことを私たちに教えてくださる道なのかとうなずいてくださるとしても、それは親鸞の問題ではなくて、あなたがたお一人お一人の命をかける問題でありますよということで、第二条は終わっているのです。

ですから第二条は、いってみれば私たちの信心、私たちの宗教心といっていることが、人間のエゴイズムの延長のところにあるのか、それともエゴイズムから解放されるということによって信心ということが明らかにされていくのかということが語られているのです。ですから如来より賜りたる信心の中身が、あそこできれいにガラス張りに見えるようになっているわけです。

ところがそう簡単にいかないのが如来より賜りたる信心です。そのそう簡単にいかないところの問題が、実は『歎異抄』の第九条に出てくるのです。第九条という条は、ほんとうに怖い一条だと私はいつも思うのです。第二条は尋ねた側の質問が全然書いてなくて、お答えになった親鸞聖人のお答えをずっと記録してあるのですが、そのお答えを読んでいると、尋ねた質問がどんな質問かがわかるようになっています。

ところが第九条のほうは、こんどは完全に質問者がいるのです。その質問者は、唯円大徳です。『歎異抄』を作ったといわれております唯円が質問者なのです。その質問は、「念仏もうしそうらえども、踊躍歓喜のこころおろそかにそうろうこと、またいそぎ浄土へまいりたきこころのそうらわぬは、いかにとそうろうべきことにてそうろうやらん」と、こういう質問をしたというのです。長い間お念仏のお み法を聞かせていただいてきた身でありながらも、いまごろになってこんな質問をしなくてはおれないということはお恥ずかしいことですけれども、どうしても得心が行かないというか、自分の身が教えのようになりません。というのは、念仏を申してはおりますけれども、踊躍歓喜、聞其名号信心歓喜と本願成就のことばにありますのに、そういう喜びの心も起こってまいりません。そしていそぎ浄土へ生まれる身になれとお勧めいただいておりますけれども、浄土へ生まれたいという心もおろそかになっていく毎日でありますが、いったいどうしてこんなことになっているのでしょうか。

唯円は、おずおずといいますか、聞くべきことでないといいますか、もうここまでお話を聞いてきたのだから、卒業しているはずではないかといわれそうな問いを正直に尋ねておられる。このことは、実は私たちにとっては忘れてならんことではないかと思うのです。

長い間仏法にかかわって生活をしてきておればおるほど、わからんものもわかったつもりで通り過ぎていってしまうのです。そして人が質問すると、そんなことがまだわからんのかといって、自分がわからない部分を隠してしまうということがなければいいのですけれども、あるとこれはたいへんです。それは、人が悪いとか、人がいいとかいう話ではなくて、やはり仏法を聞くということにも妙な羞恥心というのがあるのです。ここまで聞いてもまだわからないというようなことを人前にさらしたら、仏法を聞いてきたことがなんのために聞いてきたのかわからないことになってしまう。だからわからんけれども、わかったつもりになろうという、つもりの宗教、つもりの御信心になってしまうのです。このつもりの御信心を破ったのが唯円の質問です。ですから堂々と質問しているのではないのです。お恥ずかしいことですがという感じで質問するのですが、それにお答えになる親鸞聖人は、「親鸞もこの不審ありつるに、唯円房おなじこころにてありけり」と言われている。唯円がどうも納得行きませんと言った疑問、その疑問をこの親鸞もずっと持っているのだけれども、唯円、あんたもそうだったのかと答えられたのです。私はこういう会話がほんとうに成り立つところで、御同朋、御同行という信心の同朋というものが生まれていくのだと思います。わからないことを尋ねたときに、わしは先生だからそれに対しては答えができるというのではなしに、その質問の心の根っこにうなずいて、この親鸞もあなたと同じ疑問を持ち続けているのだけれども、あんたもそうだったのかと、こういうて肩たたくようにしてうなずかれたのです。そしてそこからなぜそうなるのか、二人で質問を共

門徒ことば
語り継がれる真宗民語

三島清円

2刷

「いただく」って聞いたことありますか？「お手廻し」「縁借」など日本各地に伝わる、独特な意味をもつ真宗門徒の言葉を紹介。

一、二〇〇円

やわらか子ども法話
心に響く3分間法話

桜井俊彦

子どもにも大人にも読んでほしい、仏さまの教えに基づくやさしい心やあたたかい心を記した短編法話集。二頁で一話の計三八話を収載。

一、〇〇〇円

真宗大谷派のゆくえ
ラディカルに問う儀式・差別・靖国

戸次公正

課題とされてきた権威主義や差別性が克服されたのかを厳しく問い、さらなる改革の道筋を明らかにする問題作。

二、八〇〇円

ボランティアは親鸞の教えに反するのか
他力理解の相克

木越　康

ボランティアは自力なのか？　囁かれ続けてきた疑問に応える、親鸞思想と支援活動との整合性の問題に踏み込んだ一冊！

一、六〇〇円

ことばの向こうがわ
震災の影　仮設の声

安部智海

東日本大震災後、被災地で行われてきた「仮設住宅居室訪問活動」の様子を情感豊かな文章と多彩なエピソードで綴る。

一、一〇〇円

親鸞聖人の生涯

梯　實圓

最新の研究成果を取り入れながら、聖人の波乱の生涯と不屈の信念をわかりやすく説く。10年にわたる連載をまとめた決定版。

一、八〇〇円

真宗門徒はどこへ行くのか
崩壊する伝承と葬儀

蒲池勢至

2刷

真宗門徒はどのように生き死んでいったのか。社会の変化にともない変容し崩壊する門徒の信仰生活を見据え、再生への道を探る。

一、八〇〇円

後生の一大事

宮城　顗

4刷

死後の世界・来世としての「後生」の問題を問うのではなく、精一杯生きた後の死さえ受け入れた上で、今をどのように生きていくのかという「一大事」について語る。

一、〇〇〇円

小谷信千代の本

誤解された親鸞の往生論

親鸞の往生論はどこで「現世往生」を説いたものと誤解されたのか。その疑問について、話題の著者が平易に語った一冊。

一、〇〇〇円

真宗の往生論　親鸞は「現世往生」を説いたか

親鸞が「現世往生」を説いたと理解してきた大谷派近代教学の問題点を、近代仏教学の実証的な手法を用いて指摘する挑戦的な一冊。

三、八〇〇円

親鸞の還相回向論

曾我量深以来の還相回向論理解を、聖教の読解から再考し、親鸞の説いた還相回向論の実態を解明する。

二、八〇〇円

リクエスト復刊

願心荘厳

安田理深

親鸞思想の核心を釈尊・天親の根本精神をおさえながら明らかにし、時代を越えて求道者の問いに応答しうる、安田理深ならではの講話。

二、二〇〇円

改訂版 蓮如上人 帖外御文ひもとき

西山邦彦

帖外御文は、刊行されたものが少なく一般には見ることが難しい。その帖外御文119通にそれぞれ現代語訳と詳細な解説をつける。蓮如思想研究に必備のテキスト。

四、二〇〇円

正像末和讃聞思録

金子大榮

昭和二〇年に出版された、金子先生の「正像末和讃」講義を収録した一冊。現在では手にすることが難しい貴重な本書が七十一年ぶりに待望の復刊。

二、〇〇〇円

有したのですから、二人でどうしてそんなことになるのか尋ねてみましょうというふうにして、次々と尋ねていく形で、結局は如来の御計らいの中に生きているということに気づかずして、如来の願いのお働きの中にありながら、手前かってにそれに反逆していたのではないのだろうかというところまでいっしょに歩いていかれるのです。そこまで進めていってみると、結局は「他力の悲願は、かくのごときのわれらがため」なんだということがはっきりする。はじめて他力の悲願というものがわかったとき、おのずからそこに如来より賜りたる信心の世界が開かれてくるという形になっているのです。そしてそこまで開かれてきてみると、はじめの不安そうな問いを持っている暗い生活感覚が開かれて、やたらに踊り上がるように喜べたり、早くお浄土へ行きたいと思うようになるほうが少々おかしいのではないかとさえ思えるのではありませんかというところまで親鸞聖人は質問をなさった唯円房といっしょに御本願の世界へ帰っていったわけです。

御信心の根は御本願にあるのです。われわれはその御本願から賜った信心によって救われていくのであって、御本願の中に生きておりながら御本願に気がつかないで、そして救われるの救われんの、あるいは喜べんの喜べるのといっていることが、実は御本願、すなわち他力の悲願に背いていることなのだと気づいていく形で問答が終わっているのです。

そしてもう一つ問答があるのが十三条です。第二条と第九条の二つは、親鸞聖人のおことばをできるだけ忠実に伝えるという形で書かれていた十か条の中にある二つなのです。

そして、第二条のときには問うた人の問いが出てこなくて、答えた親鸞聖人の答えの中に問いの性格が見えるようになっていました。ところが第九条のほうは、問うたのは唯円房で、しかもその問いは、問うべきでない問いをお尋ねしなくてはならないという苦しみがにじんでおります。それに対して親鸞聖人が、この親鸞も同じなのだ、どうしてそうなるのかということをいっしょに尋ねていきましょうということで、御本願へ帰っていくという形を取っています。

ところがこの第十三条の質問は、親鸞聖人がしかけた質問なのです。実は如来より賜りたる信心とはどんなものなのかということを、こんどはそういう質問までしかけてでないと、どうしてもわからない私たちの自力執着心の深さというものを明らかにしてくださるのが第十三条なのです。

三つの問答の形を取っているいちばん最後の第十三条が、親鸞聖人がしかけた質問から問題を押さえているということは、『歎異抄』を書いた唯円大徳としては、それだけこの第十三条に自信を持っておいでになるということなのです。つまり親鸞聖人はこう教えてくださったと言い切っているのは第十三条なのです。そういう意味では第十三条は三つの問答の一つであるだけではなくて、『歎異抄』全体を通してのかなめであり、そして『歎異抄』を書いた唯円の気もちから申しますと、このことがはっきりすれば浄土真宗は明らかになると自信持って語っていてくださる一条だということです。このことをまず了解しておいていただきたいと思います。

ですから、いちばんわかりにくいのが、この第十三条なのです。第十三条というのは『歎異抄』を書かれた唯円大徳が自信を持って、これが親鸞聖人の教えのかなめだと言い切って伝えてくださっている条ですから、たとえこれまでとは少々違うな、感覚が違うなと思われても、違うなと思う私たちのほうがまちがっておるのだとはっきり思っていただきたいのです。

第二条と第九条は、なるほどというふうにわかったような気がするけれども、第十三条へ来るとやはりなんのかんの言うても、それは運命論ではないのだろうかというような気もちが出てきても、それは一概にまちがいだとは言えないのですが、根本的にはまちがいなのですから、無理にでもまちがいだと思ってください。そしてではどうまちがっておるのかということをいっしょに尋ねていきたいのです。きついことのようですがそういうふうに申し上げておきます。

信心の異なりを歎く

ところで、『歎異抄』の第十一条から第十八条までというのは、異なりを歎くということを主題として書かれているところです。だからそこでは、如来より賜りたる信心に異なる自力の信心だとこういうふうな過ちが起こりますよということをきちっと整理して教えてくださっているのです。ですからそこに説かれていることは、非常に具体的なことなのです。具体的というのは、いまから六百年も七百年も昔に『歎異抄』が書かれたころに具体的であったというのではなくて、人間が生きていて、人間が宗教に関心を寄せていくかぎりにおいては、非常に具体的なこととして共通しているということです。その共通している過ちをきちっと整理して教えてくださっているのが第十一条から第十八条までなのです。では自力というのはどういうことかと申しますと、

自力というは、わがみをたのみ、わがこころをたのむ、わがちからをはげみ、わがさまざまの善根をたのむひとなり。

このように親鸞聖人はおっしゃっておられます。わが身をたのむということは、私は大丈夫だということです。私はもうまちがいを起こさないとか、私は大丈夫だとか、私はもう失敗しないとか、とにかくわが身をまちがいのなきものと思い込むことです。これはもう説明しなくてもおわかりいただけると思います。わが身をたのんでおいでにならないおかたがここにおいでになるでしょうか。私はわが身をたのんでおります。ただ自力と親鸞聖人から御指摘を受ける生き方しかしておりません。だからわが身をたのんでいます。

またわが身をたのむというだけではなくて、わが心をたのむというのです。私の心ではそんなひどいことはできないと思い込むということです。ところで一つ頭に焼き付いて離れないことがあります。さきほど申しました島原大変のことです。ほんとうに嫌だなと思うことを知らされてしまいました。嫌というより悲しいことなのです。

島原のあたりはたばこの栽培で有名なところです。しかも非常にいい土地柄であって、牛を飼うということも非常によくできるところですし、そして作物もよくできる。そして水もきれいで、水の名所の一つになっています。島原はそういうようにほんとうに恵まれたところなのです。だからちょっと意地悪を言う人は普賢岳の噴火を見て、あんまり恵まれ過ぎてきたから罰が当たったのだというような、とんでもないことを言う人もいるくらいです。島原というのはそれほど肥沃な土地で、また牛を飼っておりまして、乳牛ですけれども一頭八十万ぐらいするような牛を育てて飼っている。だから島原大変が起こらなければ、これはほんとうに大きな収入源なのです。

ところがその牛を六万円、七万円で買っていく人がいるのです。売るほうは、どうしようもないから売るのですけれども、もともと八十万円はする牛を六万円で売るというのはどうしようもないとはいえつらいことです。外から見れば、どうせむちゃくちゃにやられてしまうのだから、六万円でも得ではないかというような考え方もできますが、これはひとさまのことだから言えるのであって、御本人にとってみれば、ほんとうに一生懸命になって飼育してきた牛、一頭八十万円もの値がつくような牛を、山から土石流や火砕流が来る中で、足元見られて六万円で買い取られていくというのはやり切れない思いでしょう。

しかもそれをどこか遠い遠い国の人が買い取りに来たというのなら、まだ気もちのうえで救いはありますけれども、案外近いところの人が買い取っていくのだそうです。それを具体的に知らされましたとき、もうなんというか、ほんとうにこういうお話をする気力さえ失うくらい、なんと人間というものは情けなく悲しい生物だなと痛感させられました。この地球の上から消えてしまうかもしれないようなでき事のために苦しんでいる人たちを助けるのではなくて、その人たちの足元を見て、十分の一以下の値段で牛を買い取っていくというのです。その根性というのは、どういうのだろうかなと思って自分を見たら、「ではおまえ、絶対そういうことせんか」、こう言われますと、絶対しませんとは返事ができない。もうちょっと距離がありますと、いくら私が悪でも、そこまではせんといいます。けれども、具体的なものとして見せられますと、「しません」とは返事ができなくなるのです。そういう悲しい事実を教えられてしまったのです。牛をたたき買いした人の根性の悪さが嫌だというだけではなくて、その根性の悪さを嫌な根性だなと見る私の根性が同じ根性だというのが嫌なのです。そのいっしょの根性を別な表現で言うと、わが心をたのむ、その思いにつながっていくわけです。

だから自力というのは、わが身をたのみ、わが心をたのむのです。自分の身をよりどころとし、自分の心をよりどころとして生きていくということです。

そしてそのうえで、わが身はたのみがいがある身なのですし、わが心はたのみがいのある心なのだから、わが力でいいことを一生懸命やろう、やれるに違いないと、こういうふうに励むというのです。励むことは大事なことではないかというけれども、励むということの性格が自力だということなのです。

そしてさまざまの善根を励んで、いいことをして、そのいいことを私はやりましたということをなにかのために利用しようというのです。なにに利用するかといったら、自分がほんとうに得するために利用しようというのです。それを宗教的な表現で申しますと、助かるために使おうということになります。そういう根性が自力だと親鸞聖人ははっきりおっしゃっていますから、他人事でなくなってくるのです。だからそれを超える、あるいはそれを大きく廻心させていただくということは、そんな生やさしいことではありません。だからこそ十三条がこれほどぎりぎりのところで話をされなくてはならないという性格を持っているわけです。

ところで『歎異抄』ではきちっと整理されているのですが、信心が異なることによって起こる過ちというけれども、抑えてみると二つしかないのです。その第一が十三条の前にありました十二条に説かれています。その十二条ではどういうことをいわれるのかといいますと、「経釈をよみ学せざるともがら、往生不定」ということです。お経やら釈文やら、いろいろな仏教の研究書というものを読んで、一生懸命に勉強しないような人たちは、ひょっとすると往生が決定しないかもしれない。こういうふうにいう過ちが指摘されているのです。

お経にどういうことが説いてあるのか、あるいはお経の解釈にはこういう解釈がある。善導大師さまはこういうふうに御解釈くださったというようなことをたくさん知ったら、往生は決まると考えていることをひっくり返していいますと、知らないと往生は決まらないということになるのです。

だから第十二条では、勉強をしないと浄土に往生する身になれるかなれないか定まらないというのです。これは文章として書いてあるとなんでもないようなことですけれども、往生の一道を尋ねようとする真剣な人々にとっては、このひと言はもっとも残酷なことばです。特に『歎異抄』が書かれたころに親鸞聖人のもとで生きていたいなかの人々、「文字のこころもわかぬ、あさましく愚痴きわまりなき」と親鸞聖人がおっしゃる人たちに、「あんたたちお念仏称えて喜んでいるけれども、ほんとうにお経さまを読み、七高僧さまの御解釈をわかるように勉強しないと、往生は定まらないよ」というひと言がその人たちを絶望のどん底へたたき落とすのです。だから宗教というのはそういう意味で怖いのです。

それに対して『歎異抄』のお答えははっきりしておりまして、「他力真実のむねをあかせるもろもろの聖教は、本願を信じ、念仏をもうさば仏になる。そのほか、なにの学問かは往生の要なるべきや」と言い切ってしまいます。他力真実のむねを明らかにしているお聖教はたくさんあり、いろいろなことが書いてあるけれども、かなめはどういうことかというと、本願を信じて念仏を申す身になれば、かならずだれでも、すべての人々が仏となる、そういう今日ただいまを生きている、ということです。そのほかのことをなにか知りたいと思って学問するというような必要はまったくない。やりたければやってもいいし、やればやってもいいけれども、それは往生が決定するか、不定であるかということには直接なんの関係もないことなのだというふうに言い切っていきます。そういう決定の仕方をしていきます。

だから十二条の場合には、ものを知らんと往生が決まらないと考えるかもしれないけれども、知らんでも大丈夫だということなのです。べつに知らんでも飯食っていけるというようなものです。

ところが行いの場合にはそう簡単にはいきません。なにやっていても往生は大丈夫だとはなかなか言い切れません。ところがこの十三条は、その行いのほうの関心をもって宗教ということ、お念仏の道ということにかかわっていっておる、そういうところから発言されてきた異議なのです。

ですから「弥陀の本願不思議におわしませばとて、悪をおそれざるは、また、本願ぼこりとて、往生かなうべからず」、こういうのです。阿弥陀さまの御本願は不思議の御本願であって、人間の計らいを超えて、すべての人間を平等に救うのが阿弥陀さまの御本願だということがあるからというて、悪いことをするということを恐れないで平気でいるというのは、それは御本願に甘えることであって、御本願のお救いをうなずいているのではないのだ。だからそういうことをしている人たちは、「往生かなうべからず」というのです。十二条のほうは、「往生不定」とありました。往生は定まらない、できるかできないかわからんというニュアンスのことばです。ところが十三条のほうはもっときついのです。「往生かなうべからず」というのですから、往生はできませんと言うのです。

つまり十三条の異議というのは、往生不定ではなくて、往生不可、往生できないと言い切っているのです。弥陀の本願のお救いが私たちに往生の大道を開いてくださるのだ。阿弥陀さまの御本願というのは、念仏往生人になれというお呼びかけです。しかしそれが阿弥陀さまの本願の御本義であるからといって、悪を恐れないで平気で生きているというのは、本願を信じているのではなくて、本願に甘えているだけなのだから、往生はできないというのです。

これはどうでしょうか。どうでしょうかというよりも、その当時のかたが、このことばを聞いたとき、どうなったでしょうか。だいたい善とか悪とかいうことの基準というのは、その時代、その時代の、はっきり申しますと政治の在り方が筋道を立てていくものでしょう。わかりやすい例として出しますけれども、昭和二十年というときを境にしまして、その前には人を殺すことは金鵄勲章をもらえる善の最善だといわれておりました。ところが敗戦を境にして、戦争に積極的にかかわったということは犯罪だといわれるようになりました。その基準はどこにあるかといいますと、具体的にはやはりそのときの政治あるいはそのときの政治のもとに生きている人々へ要請をする、こういう国民であってほしい、こういう人々であって欲しいという、そういう政治の要請が決めるのではないでしょうか。だから戦時中には人殺しではあっても、ただの人殺しではないという勲章がつきまして、そして褒められたのでしょう。

ところが戦後はその人殺しの中心になった人は戦犯として追放され、戦犯として裁かれていったのです。

このように国の方針がまったく変わった途端に、善の最高に位置付けられていた同じ人間が、悪の最低へ落とされていくということがあるのです。ということで申しますと、関東のお同行たちというのは、第三条が語っておりますように、悪人もっとも往生の正因、

「他力をたのみたてまつる悪人、もっとも往生の正因」ということばがありますけれども、あの三条が悪人というている、あの悪人です。あれはなにをやったか知りません。その人たちがなにを実際にやったかはわかりません。しかしともかくあの時代の政治の動きの中でこういうことは悪といわれるようなことしかやることのできないところに生きていた人たちであることはまちがいがない。その人たちと親鸞聖人が御いっしょになったとき、はじめてこの人たちがもし悪人だといわれるだけで一生終わっていくことをなんの手も出せないような仏教であるならば、その仏教は人間を救うということにはならないということをはっきりさせさたのです。

とすると、いわゆる弥陀の誓願不思議であるからというて、悪を恐れないということは、それは本願に甘えているのであって、往生はできないという、このひと言というのは、御本願によってのみ救われていくと信じていた人々にとってはきわめて残酷なことばだと思います。御本願によってのみただ念仏者となって救われていく。いいことをやれといわれてもできない。悪いことするなといわれてもやめることはできないという中で生きている人たちにとっては、ほんとうに残酷極まりないことばです。ところがこの残酷極まりないことが昔々ありましたというのではないのです。今日このことが宗教の名の下ではびこっているのではないでしょうか。それも自分に責任があるのかないのかよくわからないような、もう何代も前の悪まで暴かれて、その暴かれた罪の報いを全部背負わされて、結局はいいことをしないとだめだといわれているようなことがしばしばあるのではないでしょうか。そのように考えますと、第十三条の問題の出し方というのは、ほんとうに厳しい出し方でありますけれども、いつの時代においても宗教と呼ばれる事柄が人間を救う顔をして人間を救いからまったく縁のないところに追い落としてしまうということになる。これがこの主張の持っている恐ろしさです。

つくるつみの宿業にあらずということなし

第十二条の異義の主張よりも第十三条の主張のほうが怖いのは、自分が生活をして生きていかなければならないからです。

やっていることがまちがっているではないか。やっていることは人の道にかなっているかと、一つ一つ指摘されて御覧なさい。息することさえできなくなりますよ。しまいに、なんでいま息吸ったっていわれてもしようがなくなるようなときがありますよ。そうすると、そういうことが条件で往生が決まるというのだったら、私たちに往生の決まるときはありません。それを超えて、たとえ縁の中でそうせざるを得なくなっても、いいことしたとか、悪いことしたとかいうようなことを超えて、人間であることの尊さを教えられることによって、救われていく道を明らかにしてくださるのが大悲の本願というものでしょう。

それを『歎異抄』では、そういうことを主張するのは、「本願をうたがう、善悪の宿業をこころえざるなり」、こう言われるのです。それは本願を信じているような顔をしていて、本願はいかなる人も救うからといっても、だからといって悪を恐れないでいるということは本願に甘えていることだ。だから往生はできない。こういうことをいうということが本願を疑っていることなのだといわれるのです。善人悪人、老人若者、人間のすべてを選ばないというのが本願であるにもかかわらず、甘えていると考えてしまうというのは、本願の絶対のお働きをうたがっているからなのです。疑っている心が、善をするか悪をするかということが宿業の事実であるということを見失っているからだと言われるのです。

ここに宿業ということばが出てくるのですが、その宿業がずっとお話ししてきたように、そう簡単にわからない。わからないから問答が出てくるのです。いい心がたまに起こったときに、おれの心はいいのだなと思うのは、わが心をたのむものです。そうではなくて、よき心の起こるのも、宿業のもよおすゆえである。宿業がそういう催しをしてくださった結果、よき心が起こるはずのない私のうえに起こってきたのです。またなにか悪いことを思い、悪いことをするということも宿業の催しであって、善いことをしたというのと同じことなのです。つまり善いことをするのも悪いことをするのも同じことであり平等なのです。ところがこのへんの平等がなかなか許してもらえない。悪いことをした人間は悪人、いいことをした人間は善人と決めないと承知できんのが私たちなのです。あいつは悪人だと、こう言える資格のある人は、本来一人もないはずであるにもかかわらず、あいつは悪人だと決め付けますし、あの人は偉い人だといいます。その基準はなにかといったら、自分の思いの鏡に写った、写りようでしょう。ところがいつでもそう写るかというと、私の心のほうが変わりますと、同じ人が違うように写ってくるのです。あれはいい人やと思っていたけれども、大したことないわいなということになるのです。あれは悪人だと思っていたけれども、けっこういいところがあるのだなというようになるのです。全然根拠がないといいますか、あやふやなんです。ところが、あやふやがけっこうあやふやと感じなくて、そういうことの中で私たちは金縛りにあっているのです。

そういうことに対して、はっきりそれを切っていくのが第十三条なのでしょう。「よきこころのおこるも、宿善のもよおすゆえなり。悪事のおもわれせらるるも、悪業のはからうゆえなり」。だからそのことを亡くなられた親鸞聖人はこう教えてくださった。兎の毛、羊の毛の先にちょっととまっているちりほどのものであっても、すべてつくる罪の宿業でないというものは一つもないと知るべきであると、そううなずくべきである。私はちっとはいいことができるのだ。私は悪いことはしないのだというようなことを考えれる資格もなければ、考えれる質でもない。そういうことを親鸞聖人ははっきりさせなければならなかった。そうでないと、かならずいいことをすれば、いいところへ行ける。悪いことをするから地獄へ落ちる。簡単に言いますと、そういう発想の中で、考え方の中で、私たちが宗教まで駄目にしてしまうからです。そして人間を差別し、選んでいくのです。そういうことに対して兎の毛・羊の毛の先にちょっととまっているちりほどのことであっても、すべて宿業でないということは一つもないとおっしゃるのです。

ここで「つくるつみの宿業にあらずということなし」と言われています。私たちは宿業ということに関しては、罰が当たったと思っているのではないでしょうか。ですから宿業の身ということは、罰が当たっているのだという感覚でしょう。ところが親鸞聖人はそうおっしゃっているのではないのです。私が生きてきた、私の命の歴史の中で、私の命がこう今日まで生きてきた、その中で私という人間は罪を犯さずには生きてきていないのだということに目を開かなくてはならないということをおっしゃっているのです。

　だからつくる罪の宿業でないということが一つもないとおっしゃるのは、人間というのはやはり行為によって私になるのです。ただここでもう一つだけ注意をさせていただきますけれども、これはあくまでも如来より賜りたる信心の中身を明らかにしているのであって、道徳、倫理の話をしているのではありませんから、ひとに向かって物を言っていることではないのです。自分に言っていることなのですから、そのおつもりで聞いていただかないと過ちを犯します。

　とすると、私なら私は、やはり私の経験、私に与えられた御縁の中で私になってきたのです。ですからいまの私がここにあるということは、実は私という人間が歩いてきた歴史の結集です。その歴史は、私の心というよりも、如来の本願に照らされて見た私というものを見詰めてみたとき、はっきりわかりますことは、罪の結集だということです。いいことをしてこんなになっているのではないのです。

　一例だけ挙げましょう。さきほど私は、御飯を食べてきましたが、あのお米は、人間に食べられるためにこの世に生まれてきたとお米が言ってくれましたでしょうか。稲が言ってくれましたでしょうか。言ってくれてはいませんよ。稲はちゃんと人間が育てたといいますけれども、もともと人間が育つ前に稲があったのですから、それを人間が食物にするために作り出したというだけの話でしょう。はっきり押さえるならばそれがもう罪です。稲は稲として自分の子孫を繁栄させていこうと思って育っていくものです。私たちがそうであるごとく、命あるものはすべてそうです。その命あるものにお許しも得ていないのに、それをみんな食い殺しているのです。それが罪でないと言えますか。罪というのはそういうことなのです。

なんか悪いことをしたと、意識するようなことが罪ではない。生きていることが罪の身なのです。それを宿業の身というのです。「つくる罪の宿業にあらずということなし」とおっしゃるのはそういうことでしょう。そういうことがわからなければ、絶対のお救いである御本願の救いに対しても人間がかってに条件を付けてしまうことになる。いくら御本願がみんなを救うといっても、やはり善人のほうが救いやすいでしょうとかってに条件をつけてしまうのです。

ドストエフスキーという小説家が『罪と罰』という小説を書いています。題が『罪と罰』なのです。罪というのは責任を持っていうことです。罰というのは責任があるかないかわからんけれども、「おまえ、悪いことをした」といわれて、結果、覚えはないのだけれども、罰が当たったというのが罰なのです。罪というのは、私、やりました。だから罪は償わなくてはならない。なにかの形で私の命の中で償わなくてはならないという自覚を持つのが罪です。

その『罪と罰』という小説の中に、一人の酔っ払いの退役の軍人さんがいて、酒場で酔っ払って、その娘さんを娼婦に売ってまでして酒代をもらってくるのです。そのソーニャという娘さんは、そんなお父さんのためにほんとうに自分の身を売ってまでして酒代を持っていっているのです。ほんとうに純粋なお嬢さんなのです。親父さんは、そういうことをわかっておりながら酒がやめられない。そして酒屋で飲んでおって、周りの連中に、神さまは天国におって、みんなを次々と呼んでくださる。おまえはこの世でこういうことをした。だからおまえ、来なさい。おまえもこの世でこういうことをした。おまえも天国へ来なさいと呼んでくださる。そして自分たちのような人間も呼んでくださる。そのときになんにもいいことをしていない。そしてまるで人間でないようなことばかりしてきた。おまえたちも来なさいと神さまが呼んだときに、いいことをした善人と呼ばれる人たちが神さまにクレームを付けるというのです。神さま、ちょっと待ってください。あの連中は悪いことばかりこの世でしてきておるのですよ。そんな人たちをどうして救うのですか。救われる資格、なんにもないではないですか。われわれはすくなくともこういういいこともしたし、ああいういいこともしてきた。だから神さまに救われるのは、これは私たちはありがたいことだと思いますけれども、ある意味では当然だと思っている。

ところがあの連中は、どう考えても救われるはずがないし、救われてはいかんのだ。その人たちをいかになんでも神さま、お慈悲が深いというても、お呼び立てになるのは、それはまちがいではありませんか。その根には、あの連中といっしょにされてはかなわん。同じ救いでも、あんな連中といっしょにされる救いでは困るという根性が見えているのですけれども、それに対して神さまはこう答える、とその酔っ払いが言うのです。「あの連中はたしかにこの世に生きておる間、いいこと一つできない、ぐうたらで、酒飲みで、なんともしようがない連中だった。しかし私はかれらを天国へ呼ぶ。なぜならばかれらは神に救われる資格がないということを知っておるからだ」。こういう一くだりがあります。私はそのことばがこの十三条を読ませてもらうときに、非常に大きい力になってきております。神に救われる資格がないから、資格がないということを知っておるから、もう地獄へ行くのはあたりまえだと自分らで思っているから、かれらを呼ぶのだというのです。

反対に申しますと、あんたら、救われる資格があると思っているけれども、ほんとうに救われる資格があるかどうか、はっきりそういうふうに言い切れるのならば、点検し直しますよと神さまに言われても、どうしようもないのです。ところが資格がないと思って隠れてじっと隅っこにおるものまで神さまは呼んでくださる。そしてそれは資格がないことを知っているから呼ぶのだと言われるのです。

阿弥陀さまの御本願といっしょにはいたしませんけれども、でもそういうことです。とするならば、私たちはまさにここでおっしゃるとおり、兎の毛、羊の毛の先にいるちりばかりもつくる罪の宿業にあらずということなしとしるべしとおっしゃるように、私が生きているということは、罪の身を生きているのです。罪の身といったからといって、なんにも神経質な顔をしなくてもいいのです。罪の身を生きているという事実を申しているのですから。ただそれがわからない。どうしても心の中で腹に収まらない。そのために親鸞聖人がとんでもない仕掛の問いを出すのです。それは唯円、あなたはずっとこの親鸞の言うことを喜んで聞いておるけれども、この親鸞の言うことをほんとうに信ずるか。それに対して唯円からすれば、もうかけがえのないお師匠さまなのですから、これはもう返事は決まっています。「さんぞうろう」。もうそれは言うまでもございません。わざわざそんなこと念を押しておっしゃっていただく必要もございません。そのとおり信じます。こういう返事をした。すると親鸞聖人が、「さらば、いわんことたがうまじきか」。それならば私が言うことに対してそれは困りますとか、それはできませんとか、そういうことはけっして言わないなと念を押すのです。そこまで念を押されたら、御本人は親鸞聖人というおかたをただ一人の善知識と思っていますから、そんなことをわざわざ念を押していただく必要はないと、「わかりました。おっしゃることならば、たとえ火の中、水の中へでも飛び込んでいきましょう」、こう言った。そこで親鸞聖人がおっしゃったのが、「たとえば、ひとを千人ころしてんや、しからば往生は一定すべしと」、たとえばおまえ、人千人殺してきなさい。お念仏するよりよほど往生は定まるよ。こんなひどいことを言うお師匠さまはないでしょう。『歎異抄』を初期のころに翻訳するときに、翻訳が下手でして、ここのところを「たとえば、ひとを千人ころしてんや」という、「たとえば」という字がうまく訳がついておらなかったのです。そうしたら外国の人がそれを読みまして、日本にはとんでもない宗教がある。人殺せば救われるという、そういう宗教がある。そういう宗教のある日本という国はどういう野蛮な国だというて怒られたという逸話が事実あるのです。でもそれは意訳した人がまちがえたのだということもありますけれども、そう取られても仕方がないほどぎりぎりのことです。念仏して往生するのでしょう。それを逆に人殺ししてこい。それのほうが念仏よりもよほど往生一定、往生決まるよと、これはよほどきついお発言です。そう言われた途端に、いままでもうどんなことでもたとえ火の中、水の中というておった唯円が、口からぽっと出てきたことばが、「おおせにてはそうらえども、一人もこの身の器量にては、ころしつべしとも、おぼえずそうろう」と、人間というのは最後こうなります。どんなことでも違わないと申してきた私でありますけれども、そうおっしゃられてわが身を振り返ってみると、私の力ではとても人千人どころから、一人を殺す力も私にはございません。ちゃんと私の力ではできませんというふうに弁解しています。しかしできるかできんか、やってみなければわからんでしょう。

ところがいままで「どんなことでも聞きます」と言った本人が、それなら人千人殺してこいと言われた途端に、いくらお師匠さまのことばでも、それは無理だと言うのです。仰せではありましても、この身の器量、自分の力、力量というものを自分で反省をしてみると、千人はおろか一人も殺すことはできませんので、背くつもりはございませんけれども、私にはできませんという返事がぽんと返ってきたら、親鸞聖人もしつこいおかたですので、そこで、「さてはいかに親鸞がいうことをたがうまじきとはいうぞ」。そういう返事をするならば、どうしてこの親鸞の言うことにはけっして違わないというようなことを言ったのだ。舌の根の乾かないうちに、ひっくり返ったではないか。こう親鸞聖人は詰めていくのです。そしてこれでわかっただろうというのです。これでわかっただろう。なにがわかったかというと、なにごとであっても自分の心のままに行えるということが人間の行いであるならば、往生のために千人殺せといわれたならば、即殺すことができるだろう。しかしながら一人にても殺すという縁がやってこないと、いくら殺そう、殺そうと思っていても殺すことはできないのだ。「わがこころのよくて、ころさぬにはあらず。また害せじとおもうとも、百人千人をころすこともあるべし」、これが宿業の身の事実だと言われるのです。これは説明をしないほうがいいことばです。

わがこころのよくて、ころさぬにはあらず

武田泰淳という小説家が言いました。武田泰淳というかたは、お坊さんの御出身ですけれども、社会派の小説を書いておられたかたで平和運動もやっておられました。私も平和運動の片棒を担ぐようなことをやっておりますけれども、いつも武田泰淳さんのことばを

思い起こすのですが、「平和運動は大事だ。平和運動は非常に大事だ。大事だけれども、平和運動をやる人間が忘れてならないことばの一つに、『わがこころのよくて、ころさぬにはあらず。また害せじとおもうとも、百人千人をころすこともあるべし』ということばを肝に銘じて平和運動をやらなければ、ほんとうの平和運動にならない」、こういうことを武田泰淳さんは言われました。

『歎異抄』の十三条に出てくる親鸞聖人のことばをいつも心の奥で反復しながら、平和のための運動に身を捧げていける自分になりたいということを言っておられるのです。おれがりっぱな心を持っているから、おれが平和を願っているから、おれがいいことのできる人間だから、だから平和運動をやっているのだという思いでやっている平和運動というのは、根なし草のようなものなのです。ですから、やはり平和運動ができるということには、平和運動のできるような御縁に会えたという、その喜びがあってはじめて、平和運動ということが積極的に人間の世界に平和をもたらすための捨て石になれるのでしょう。ほんとうに平和を願い、平和運動のできる人という人は、だれもそんな人がいたかとも気が付かないで、平和になっていく世の中の仕組みの中で捨て石のように人々に踏み潰されて消えていっても、後悔がないといえる人がほんとうに平和運動のできる人なのではないでしょうか。行動の仕方はどうするかわかりませんけれども、そのように捨て石になれる人が一人でも二人でも増えてくることによって、平和ということが単なる夢ではなくして、人間がほんとうに人間らしく生きていくための平和の原理というものがはっきりしてくるのではないかと思うのです。

そのようなことが武田泰淳さんの言おうとされることだと思うのです。一生懸命平和運動に挺身しておった武田泰淳さんが、しかも作家であり、かなり有名な人でありますから、そのかたが当時の盛り上がっている平和運動全体に対してであると同時に、平和運動をやっている自分自身に対して、「わがこころのよくて、ころさぬにはあらず。また害せじとおもうとも、百人千人をころすこともあるべし」という親鸞のことばにいつも返って、平和のための運動のやっていける私になりたい、こう願っていると言われているのです。たしかに平和とか善とか、いい行いというようなことは、あるに違いありませんし、やってもいいに違いありませんけれども、『歎異抄』で押さえられておりますのは、善悪ということが自分の思いどおりにできると考えることが思い上がりであるということなのです。逆に言うと本願の絶対無条件の救いというものを疑っているから善とか悪とかが問題になってくるのです。だから本願の絶対無条件の救いを信じておるならば、善悪ということが問題とならない。そしてさらに、私の上に善が起こり、私の上に悪が起こるということが、私の行動、私の力だというふうには考えようにも考えることができないことになるのです。ですから、「弥陀の本願不思議におわしませばとて、悪をおそれざるは、また、本願ぼこりとて、往生かなうべからず」という異義者の主張というのは、ひと言で言うと、仏智疑惑、本願疑惑の主張であり、そして善悪ということが勝手にできると思っているのは、ほんとうの意味で本願の正機である悪人が正機であるということへのうなずきを完全に失っていることからくる異解であり主張であったわけなのです。

そのことを言うために、唯円大徳は、ずいぶん際どい問答を展開しているのです。

親鸞聖人というおかたもある意味では意地の悪いおかただという気がしますね。「唯円房、おまえは一生懸命わしの話聞いておってくれるけれども、この親鸞を信じておるのか」。「もうおっしゃるまでもありません」という返事が来た。「それならば、どんなことでもこの親鸞の言うことならば聞けるか」といったら、「もう念を押していただくまでもありません」と言い切った。「ならば人千人殺してこい。念仏するより、そのほうがよほど往生できるぞ」と、こんな際どいことを言う先生についたら、ひどい目に遭いそうな感じです。「人千人殺してこい。お念仏称えているよりも、人千人殺してきたほうがよほど往生できるぞ。言うことを聞けるのなら、やってきなさい」と言うたら、それに対して、「いかにお師匠さまの仰せだとは申しましても、私はそれにけっして逆らうつもりはございませんが、私の器量、私の力量をおもんぱかってみると、千人はおろか一人も殺すことはできません」という返事が唯円の口から出てくるのです。ちゃんとそこで問題をすりかえています。「ならば千人殺してこい」「はい、それじゃ行って殺してきます」というふうにならんのです。そしてまた、「やはり私がまちがっておりました」ともいわないのです。「おっしゃるとおりなんでも言うことを聞きますけれども、私の力量ではそれができないのです」と弁解しているのです。

それに対して親鸞聖人は、「ならばなんでおまえはなんでも言うことを聞くと言うたのだ。それでわかっただろう。わがこころのよくてころさぬにはあらず。また害せじとおもうとも、百人千人をころすこともあるというのが、人間が生きておるという、血の通った人間なのだ。その人間を無条件で救おうというのが本願の救いなのだ」、こう教えてくださっているわけですけれども、こういうものの言い方というのは、親鸞聖人のお書き物の中には一度も出てきません。

これはなんともきびしい主張です。しかし、そこまで言われないと私たちにはどうしても納得ができないほど深いところの問題を指摘されているのです。そこまで言われてみてはじめて、善いことができる、悪いことをしないと言っている自分が、どれほど偽りの日暮らしのうえでしか生きていなかったかということを知らされるわけです。このお師匠さまのおことばなら、たとえ火の中水の中へでも飛び込みますと言ったとしても、火の中には飛び込めませんし、水の中へも飛び込めない、身が動かないのです。身が動かないということが事実なのです。その動かない身の事実のままで救う。なんの努力も必要としない。こういう絶対無条件の救いというのが阿弥陀の本願の救いなのです。

だとすると「弥陀の本願不思議におわしませばとて、悪をおそれざるは、また、本願ぼこりとて、往生かなうべからず」というこの主張は、ひと言で切って落とされるべきことなのです。それは本願を疑っているということなのだ。逆に言うと、善悪が宿業因縁のなせるわざだということに気づいていない。自分の自由意思でなんでもできるという思い上がりに立っているのだ。そういうものは浄土真宗の教えではない。ところがそのことを徹底することが非常に困難なために、いろいろなことをこの『歎異抄』の中では言っているのです。親鸞聖人はこの第十三条ほどにことばを尽くし、きつい表現をされることは、他のお書き物の中でもお手紙の中でもありません。しかも、『歎異抄』全体の中でも、この

第十三条は、これが親鸞聖人の教えの眼目だといわんばかりに、親鸞聖人のことばすら飛び越えて主張している。もしこのことがわからなければ、浄土真宗、親鸞聖人のお教えがわかったというのはうそだ。ここまで唯円大徳が言い切ったことば、いうてみれば親鸞聖人の教えのことばを鸚鵡返しに言い返して次の人に語っていくのではなくて、自分の血肉にして、そして自分の責任でこれが親鸞聖人の教えなのですよ、これが親鸞聖人の教えの眼目なのだと訴えておられるのです。そのような絶対無条件の阿弥陀仏の救いだからこそ、老少善悪の人を選ばない、すべて人であるかぎりにおいて救われていくことができる。そうでないならば、平等の救いというものはうそだし、すべての人々が救われるというのもことばのあやに過ぎなくなる。そういうことばのあやが横行し、大きな顔をして世の中を歩くようになると、そのことばのあやの下で人間と人間とが排除をしたり、差別をしたり、いじめたり、いじめられたりしていくような関係が起こってくるのです。だから徹底して人間の平等の救いということがあるとするならば、人間に一つでも条件を付けたならば、人間の平等の救いは絶対にないということを明らかにするのが本来の仏教であり、その本来の仏教の命を具体的に示してくださったのが本願の法なのだということを、これだけ強いことばで言っておられるわけなのです。

このように第十三条でこれほど強い調子で唯円大徳が親鸞聖人の教えの眼目を教えてくださるのも、親鸞聖人の御在世のころには親鸞聖人の御在世のころの善悪ということにかかわる状況ということを、そのころ生きていた人たちも持っていたからこそ強く言っておられるのです。こういう異解といわれる主張がなぜまかり通るのかといいますと、善悪ということにかかわってしか生きていけない人間に、善悪を超えて救われていく道があるということをわかることがなかなか容易ではないからなのです。わかったといってもまた善悪の問題が出ますと、それもそうだなとそっちへ引きずられていってしまうのです。頭でわかるとか、考えてわかるとかわからんとかいうよりも、体のほうがうなずけるかうなずけないかという問題なのです。人間が生きていくということのうえでは、やはりいいことをして悪いことをしないということがよりよい人間の生き方であるという定め事がございますので、それとの絡み合いの中で善悪を超えて、そして本願一つで救われていくということをはっきりさせるということは、非常に難しいことなのです。私たちは善悪を越えるということを非常に了解しにくい体質になっている。まるでそれに対してアレルギー体質みたいになっているのです。

そのような私たちに向かって、善悪を越える本願の救いを明らかにされるために、親鸞聖人は激しいことばで話されているのです。

いちばん最後のことばは、

「わがこころのよくて、ころさぬにはあらず。また害せじとおもうとも、百人千人をころすこともあるべし」と、おおせのそうらいしは、われらが、こころのよきをばよしとおもい、あしきことをばあしとおもいて、願の不思議にてたすけたまうということをしらざることを、おおせのそうらいしなり。

ということばで結んでいるわけです。唯円自身が親鸞聖人から身をもって教えられたことというのは、よくよく押さえてみると、わがこころのよくて殺さないのではない、また殺すまいといくら自分の心で思ってても、縁が来れば百人千人を殺すこともあるという事実を生きているのが人間だということだったのです。

なぜそういうふうにおっしゃったのかというと、私たちはふっと心がいいからいいことをするのであり、悪いことをするのは、これはやはり心が悪いからなのだと、自分の心の善し悪しによって善悪を決められるように考えていて、その自分の心の善し悪しで決めて行うことのできる善、そして決めて行うことをやめることのできる悪、この修善廃悪を越えて阿弥陀仏の本願の不思議によって助けられるのであるということを私たちに教え示してくださったのです。

くすりあればとて、毒をこのむべからず

ところでなぜこういう異義が出てきたのかということ、その理由を明らかにしているのがその次の文章なのでしょう。まず拝読してみたいと思います。

そのかみ邪見におちたるひとあって、悪をつくりたるものを、たすけんという願にてましませばとて、わざとこのみて悪をつくりて、往生の業とすべきよしをいいて、ようように、あしざまなることのきこえそうらいしとき、御消息に、「くすりあればとて、毒をこのむべからず」と、あそばされてそうろうは、かの邪執をやめんがためなり。まったく、悪は往生のさわりたるべしとにはあらず。「持戒持律にてのみ本願を信ずべくは、われらいかでか生死をはなるべきや」と。かかるあさましき身も、本願にあいたてまつりてこそ、げにほこられそうらえ。さればとて、身にそなえざらん悪業は、よもつくられそうらわじものを。また、「うみかわに、あみをひき、つりをして、世をわたるものも、野やまに、ししをかり、とりをとりて、いのちをつぐともが

らも、あきないをもし、田畠をつくりてすぐるひとも、ただおなじことなり」と。
「さるべき業縁のもよおせば、いかなるふるまいもすべし」とこそ、聖人はおおせそうらいしに、
ここで切っておきます。妙なところで切りましたけれども、ここで切っておきます。これが私が申します二段目の押さえなのです。
ここに「そのかみ邪見におちたるひとあって、悪をつくりたるものを、たすけんという願にてましませばとて、わざとこのみて悪をつくりて、往生の業とすべきよしをいいて、ようように、あしざまなることのきこえそうらいしとき、御消息に、『くすりあればとて、毒をこのむべからず』と、あそばされてそうろう」とあります。これが異義の主張が出てくる原因となる事実なのです。これは親鸞聖人が関東においでになったころにもまったくなかったわけではありません。また親鸞聖人の関東のお同行だけではなくて、法然上人の仰せを聞いていた京都の法然上人の御門弟の中にもあったことなのです。そういう意味ではかなり広くあったことなのです。悪人正機の御本願で、悪をつくるものを助けようという願であるから、わざとでも悪をつくって往生の業因、往生の種とすべきだと考えて、いろいろなことをやったり、いろいろなことを言うたりしたのです。その結果あしざまなこ

とが世の中にはびこったということがけっして少なくなかったわけです。親鸞聖人はそういう過ったものの考え方に対して、お手紙を京都から関東の同朋の人たちに何通も送っておられます。そのお手紙について『歎異抄』では、「くすりあればとて、毒をこのむべからず」、こういうふうな趣旨でお手紙をお書きになったとおっしゃっているのです。

ここがなかなか難しいところなのです。悪人正機だから悪いことをしてもいいのだ、悪いことをすることが実は本願の正機になることなのだという考え方で、いわゆる本願ぼこりといわれる行いやら発言が世の中にはびこったわけです。あるいは造悪無碍という考え方でもあります。本願は悪人を救うのだから、悪いことをするほうが本願に救われるのだという考え方です。だからそれをつくるというほう、行為をするというほうでいいますと造悪無碍、悪をつくってもさわりがないというものの考え方です。これが親鸞聖人の八十歳前後のころにいちばん親鸞聖人を悲しませた異義なのです。関東へ残してきた同朋の中に、本願は罪悪深重の衆生を救うのであるという、そのことばを聞いて、本願は悪人を救うのだから、悪をやることが本願の救いにはよりよい条件になるのだと取り違えた。そしてそれを平然とやってのけた。やってのけることでどういうことが起こったかと申しますと、ただきえ念仏者は弾圧の中に生きた人たちです。最底辺を生きる人々が、われわれも一個の人間だ、お念仏によってわれわれも平等に人としてこの一生を生きて、そして人として死んでいけるのだという深い感動を持ったことが、当時の政治をとっていた鎌倉幕府にとっては不都合なことだったわけです。社会の底辺を生きているその人々に、ほんとうの人間としての目覚めを往生浄土の道として明らかにしてくださったのが親鸞聖人です。そのことによってその人たちは、われわれも人間だったのだ、われわれはけっして劣った人間でも、つまらん人間でも、どうにもならん人間でもないのだ。ほんとうに人間だったのだと深い喜びを持って、人間だと目覚めていったのです。ところが、そういう底辺に生きている人たちが、人間としての喜びをもって生きるようになりますと、どうしても政治をやろうとする当時の人たちにとっては都合のいいことではなくなるわけです。黙って頭を下げて、苦しめられても苦しめられても、自分の食べる物がなくなってでも年貢を納めてくれる人がたくさんいればいるほどうまくいくのでしょう。

ところがその人たちが、私たちも人間であるという目覚めを持ったとすると、むちゃくちゃなことをされてもなお黙っているというわけがないでしょう。私たちはややもすると、浄土真宗のお念仏のお同行というのはおとなしくて、なにを言われても頭下げて辛抱するのがお同行だと、いつの時代からかしりませんけれども考えるようになってきたのではないでしょうか。しかし私はそうは思いません。親鸞聖人のお教えを聞いた関東のお同行の人たち、最底辺を生きて人間扱いされなかった人々が、わしらも人間だったのだと気づいたとき、なにを言われても言われたままに辛抱するということなどあり得ないのです。「うみかわに、あみをひき、つりをして、世をわたるものも、野やまに、ししをかり、とりをとりて、いのちをつぐともがらも、あきないをもし、田畠をつくりてすぐる」人々というのが親鸞聖人とともに生活し念仏の教えを聞いた人々です。このような、その当時最低の人々として扱われていた人々、その下類の人々が本願の名号によって鉄を変じて黄金になすがごとくに大きく転成をしていったのです。そういう意味では、けっしておとなしい人ばかりが、浄土真宗のお同行ではなかったはずです。ましていわんや関東の荒野で生きていた荒くれの人たちがそんなおとなしい人であるはずがない。常識でお考えになったらよくわかることです。だから念仏を喜ぶ人々といってもけっしておとなしい、従順な人というわけではないのです。私はそれをはっきり申し上げておかないと、真宗はまちがえられてしまうと思うのです。

そのように考えてきますと、本願が悪人を救うのだから、悪をやることで本願の正機になるのだから、悪をやらないとだめなのだというような考え方はまちがいだとすぐおわかりでしょう。ところがそれが主張として出てきたのです。しかも言うだけではなくて、行動にまで表したのです。こうなれば、ただされ弾圧を企図していた体制側としては、当然そういうことを取り上げて、さらに厳しい弾圧を加えていくことになります。それによって念仏者の結集、集まりというものがある意味でぐらぐらと動き出すということがあったのです。親鸞聖人はそのことの過ち、そのことが具体的に犯していく念仏者の崩壊を引き起していくようなことに対して、『歎異抄』のことばでいうと「薬があるからといって、毒を好んではいけない」という趣旨のお手紙を出されたのです。しかし、それはけっして悪ということが往生のさわりだということをおっしゃっているのではないのです。

その手紙がどういう手紙なのか、長い手紙ですけれども、御紹介をしておきます。『親鸞聖人御消息集』第一通のお手紙です。

かたがたよりの御こころざしのものども、かずのままに、たしかにたまわりてそうろう。明教坊ののぼられてそうろうこと、まことにありがたきことにそうろう。かたがたの御こころざし、もうしつくしがとうそうろう。明法御坊の往生のこと、おどろきもうすべきにはあらねども、かえすがえすうれしくそうろう。鹿島・行方・奥郡、かようの往生ねがわせたまうひとびとの、みなの御よろこびにてそうろう。また、ひらつかの入道殿の御往生とききそうろうこそ、かえすがえす、もうすにかぎりなくおぼえそうらえ。めでたさ、もうしつくすべくもそうらわず。おのおの、いよいよみな、往生は一定とおぼしめすべし。

ここまでで一度切ります。これはいまのこととは直接関係はないのです。これは親鸞聖人の御生活の様子をちょっと知らせたかったのです。みなさんがたからいろいろなお志のお品どもを知らせてくださったとおり、そのまま頂戴をすることができました。こういうふうにおっしゃっているのです。ですから親鸞聖人、京都でどうやって食べておったかといいますと、この関東のいなかの人々から送ってくださった金子であるとか、品物であるとか、そういうもので生活をしておいでになったということが書いてあるわけです。

そうして明教坊というお弟子が京都へやっておいでになるということを知らせてくださったけれども、それはほんとうにありがたいことだと思っております。そしてそういうことをも含めて、みなさまがたの御志、ほんとうにことばに尽くし難いほどありがたいことでありますと、お礼を言うておられるのです。

そうしてここに一人人物を登場させています。明法の御坊というのですが、明法坊というのは、実は『御伝鈔』の中に出てまいります山伏弁念のことです。板敷山で親鸞聖人を待ち伏せして、何回も殺そうとしたけれども、とうとう願いが果たせなくて、そして血相を変えて親鸞聖人のところへやってきた。そうしたら親鸞聖人が、「聖人左右なく出会いたまいにけり」で、なんということもなしにすっと出てこられた。その親鸞聖人の御様子を見て、もう勢いきってやってきた山伏弁念が親鸞聖人のお姿を拝見しただけで、自分の邪見に気がついて親鸞聖人のお弟子になったということが出ています。そのかたが明法坊なのです。その明法坊が亡くなった。往生を遂げたということについてわざわざ親鸞聖人は、明法御坊の往生のことは、べつにびっくりすることではまったくないけれども、かえすがえすほんとうにうれしいことだと私は思う。

どうです、みなさまがた、ちょっと余分なことを言うようですが、往生のことをうれしうそうろうと言えるかた、おいでになりますか。お葬式のとき、うれしうそうろうと言えるかた、おいでになりますか。浄土真宗の教えの筋から言いますと、親鸞聖人がおっしゃっておられるように、往生の本懐を遂げられたのですから、おどろきもうすべきことではなく、かえすがえすもうれしうそうろうと喜ぶべきことなのです。死んだからありがたいという話ではありません。一生をほんとうに人として全うして、一生を尽くしてくださったということは、残った自分らにとってはありがたいことだと、こういえるような、そういう人間の生涯の具体的な生死ということをうなずけるところに浄土真宗の生活がほんとうは成り立たなくてはいけないのです。話がそれましたけれども、そういうことだと思います。

　そしてさらに、そのことは単に親鸞聖人一人の喜びではないのです。鹿島とか行方とか奥郡というふうにいろなところにいる人々がこの往生を願っておいでになる。その人々にとってもこれはみなさんのお喜びであるに違いない。みんなの喜びであるに違いない。明法坊が、往生を遂げられたということは、みんな往生を遂げようとして念仏者になった、そのみんなの人の喜びであるに違いない。このように自信持っておいでになります。そしてもう一人、ひらつかの入道殿の往生のことはお聞きしたけれども、「かえすがえす、もうすにかぎりなくおぼえそうらえ。めでたさ、もうしつくすべくもそうらわず」といっておられます。こんどはうれしくといわれないで、めでたさといっておられます。ただ亡くなっていったのではないのです。往生の素懐を遂げられたということは、人間の人生の中でこのこと以上にめでたいことはないのです。だから「めでたさ、もうしつくすべくもそうらわず」、もうことばに尽くせないとおっしゃっています。そして、だからみなさまがたは往生は一定とお思いになるがよろしいでしょう。往生できるかできんか、往生不定といわれたり、往生かなうべからずといわれたりしても、往生不定だというようなふうにぐらぐらする必要はない。生きた証拠がここにあるではありませんか。こういうふうに親鸞聖人はお手紙で書いていって、そのあとに、いまの問題についてちょっと長いですけれども、書いておられるのです。

さりながらも、往生をねがわせたまうひとびとの御なかにも、御こころえぬことどももそうらいき。いまもさのみこそそうろうらめと、おぼえそうろう。京にも、こころえずして、ようようにまどいおうてそうろうめり。くにぐににも、おおくきこえそうろう。法然聖人の御弟子のなかにも、われはゆゆしき学生なんどと、おもいたるひとびとも、この世にはみなようように法門もいいかえて、身もまどい、ひとをもまどわして、わずらいおうてそうろうなり。聖教のおしえをもみずしらぬ、おのおののようにおわしますひとびとは、往生はさわりなしとばかりいうをききて、あしざまに御こころえたることおおくそうらいき。いまもさこそそうろうらめと、おぼえそうろうなり。

ここまでをちょっと簡単に申しておきます。往生は一定と思いなさい、こうおっしゃるのですけれども、こういう明法御坊の往生とか、ひらつかの入道殿の御往生とかいうことがあるから、往生は一定だと、めでたいことなのだと、だからもうとやかくいわれたって、そういうことで惑うようなことがないように往生一定と信心決定しておってください。こういうようにいって、とはいうもののとおっしゃるのです。とはいうものの、往生を願う人々の中にも心得違いをしている人たちがいる。それは京都にもいる。法然上人のお弟子の中で、われわれは特に優れた学者であるといっている、その人たちが仏法のおことば、教法のおことばというものを自分勝手な思いで言い換えまして、自分自身もそれで惑い、他の人々をも惑わしていくというようなことをしているということが京都にもあります。ましてやお聖教の教えをよく読んで、よく理解するというような力が具体的にない関東のいなかのみなさまがたのような人々には、そういうような往生には悪をなすことはさわりではないというようなことを盛んに言うようなことを言われると惑ってしまうということがあっても仕方がないことかもわかりませんね。こういう趣旨のことがここに述べてあるのです。

だからこういうことは具体的にあったわけです。ところが、

浄土のおしえもしらぬ、信見房なんどがもうすことによりて、ひがざまにいよいよなりあわせたまいそうろうらんと、ききそうろうこそあさましくそうらえ。まず、おの

おの御こころえは、むかしは弥陀のちかいをもしらず、阿弥陀仏をもうさずおわしましそうらいしが、釈迦・弥陀の御方便にもよおされて、いま弥陀のちかいをもききはじめておわします身にてそうろうなり。もとは、無明のさけにえいふして、貪欲・瞋恚・愚痴の三毒をのみ、このみめしおうてそうらいつるに、仏の御ちかいをききはじめしより、無明のえいも、ようようすこしずつさめ、三毒をもすこしずつこのまずして、阿弥陀仏のくすりをつねにこのみめす身となりておわしましおうてそうろうぞかし。しかるに、なお無明のえいもさめやらぬに、かさねてえいをすすめ、毒もきえやらぬに、なお三毒をすすめられそうろうらんこそ、あさましくおぼえそうらえ。煩悩具足の身なれば、こころにもまかせ、身にもすまじきことをもゆるし、口にもいうまじきことをもゆるし、こころにもおもうまじきことをもゆるして、いかにもこころのままにあるべしともうしおうてそうろうらんこそ、かえすがえす不便におぼえそうらえ。えいもさめぬさきに、なおさけをすすめ、毒もきえやらぬものに、いよいよ毒をすすめんがごとし。くすりあり毒をこのめ、とそうろうらんことは、あるべくもそうらわずとぞおぼえそうろう。

この手紙が、いま『歎異抄』でおっしゃっていることをいちばんよく表しているお手紙なのです。

京都にもそういうようなことが起こっている。ここには信見房という名まえが出ていますが、信見房という親鸞聖人の弟子と名告っていた人が、そういう造悪無碍といわれるようなことを盛んに言っている。それによってみなさんがたの信心がぐらぐらと動揺するということはあってはならないことなのです。よくお考えになって御覧なさい。みなさんがたは、かつて阿弥陀さまの御本願ということもお聞きになったことがなく、南無阿弥陀仏を称えるということも知らなかったのではないですか。それがお教えに遇うことによって、阿弥陀仏の御本願の尊さとお念仏のありがたさというものを身につける身になったのではありませんか。昔は知らなかったのでしょう。いまはその身になったのではありませんか。でもその身になっても、ちょうどたとえて言うならば、酒に酔っ払って、二日酔いで、酒はやめたけれどもまだ酔いが残っているという状態のところへ、また酒を持っていって、飲め飲めといえば、悪酔いがますますひどくなるということはわかりきった話でしょう。そういうようなことをしていく。あるいはまだ三毒の煩悩の毒が身についておって、きれいにさっぱりと御本願によってすべて三毒の煩悩が消えるのではなくて、煩悩を転じて菩提の種とするというふうにはなりきっておらないのに、もっと煩悩をつくれつくれといわれるのは、毒がまだ残っておるのに、毒を飲めというのと同じようなことになって、これはとんでもないひがごとでありませんかと言われているのです。そしてすこし飛ばしますが、

煩悩具したる身なれば、わがこころのよしあしをば沙汰せず、むかえたまうぞとはもうしそうらえ。かくききてのち、仏を信ぜんとおもうこころふかくなりぬるには、まことにこの身をもいとい、流転せんことをもかなしみて、ふかくちかいをも信じ、阿弥陀仏をもこのみもうしなんどするひとは、もとこそ、こころのままにて、あしきことをもおもい、あしきことをもふるまいなんどせしかども、いまは、さようのこころをすてんとおぼしめしあわせたまわばこそ、世をいとうしるしにてもそうらわめ。

とおっしゃっておられます。

われわれは煩悩具足の身であると、こう教えられて、その煩悩具足のわれわれが、わが心の善悪をばさたして、いいだの、悪いだのというようなことをかってに決めたりして、そしてものを考えていこうというのではなくて、仏を信じ、そしてお念仏を申す身になるということがいちばん肝心なことであるにもかかわらず、念仏申すために悪事をしていくというようなことになったならば、これは本末転倒というより、事の次第を過っておると

いうことになりはしませんか。もしできることがあるとするならば、お念仏を申す身であれば、すこしでも悪をつくることを避けようと思うのがほんとうに厭離穢土、欣求浄土という、往生浄土の道を歩む人の心構えということではございませんかという、こういうふうな趣旨の手紙なのです。

さるべき業縁のもよおせば、いかなるふるまいもすべし

親鸞聖人は、私は、なにが善であるか、なにが悪であるかということはまったく知りません。如来がおぼしめすほどによいということを私に知ることができるならば、よいということを知ったということにもなるでしょう。また如来があしとおっしゃることを私もあしと知ることができるようならば、悪いということを知っているとも言えるでしょう。ところが煩悩具足の凡夫、火宅無常のこの身にとっては、善悪の二つはまったくわからない。ただ念仏だけがまことであるとうなずいて、お念仏によって救われていく私でありますと、こう『歎異抄』のおしまいのほうでおっしゃっておられます。そのお心から申しますと、造悪無碍というこのものの考え方、悪をつくるほうがいいのだという考え方は、これは筋

違いのところから事を混乱させて、かえって念仏者の集いを破壊していく行為になっていっておる。そのことを十三条の異解を称える人は得手に取って、親鸞聖人はこういう手紙を書いているではないか。だからたとえ弥陀の本願不思議であるからといって、悪を恐れないというのは、やはり親鸞聖人に御注意を受けた本願ぼこりと同じ質の本願ぼこりではないかというのです。そして、それが本願ぼこりであるならば、親鸞聖人のおしかりのように往生はできないということになるのではないかと言っているのです。それに対して、『歎異抄』の編者唯円は、それは問題の所在を勝手に取り違えて主張をしている邪見なのだということを言い切っていくわけです。

『歎異抄』の第十三条では、

御消息に、「くすりあればとて、毒をこのむべからず」と、あそばされてそうろうは、かの邪執をやめんがためなり。まったく、悪は往生のさわりたるべしとにはあらず。「持戒持律にてのみ本願を信ずべくは、われらいかでか生死をはなるべきや」と。かかるあさましき身も、本願にあいたてまつりてこそ、げにほこられそうらえ。さればとて、身にそなえざらん悪業は、よもつくられそうらわじものを。

と言われています。

「持戒持律にてのみ本願を信ずべくは、われらいかでか生死をはなるべきや」とあります。いわゆる戒律を身につけ、戒律を守っていけるような私であるとして、戒律を守り、戒律を身につけていくものでなければ本願を信ずることができないともし言われるならば、私たちはどのようにして生死の苦悩を解脱し、生死をいずることができましょうか、こういうて、「かかるあさましき身も、本願にあいたてまつりてこそ、げにほこられそうらえ」、このへんが『歎異抄』の編者の御苦労になっているところです。片っ方で親鸞聖人が悪い行いをすることをおしかりになっていることがあるわけです。ところがそれは違うことなのだとおっしゃるけれども、やはりどんどん突き詰めていきますと、やはり悪いことをするほうが往生の正因になるのだから、悪いことをしたほうがいいのだというてつくる悪いことは、御本人は自分の悪をつくることも勝手にできるのだという思いのうえに立っているかしらんけれども、ほんとうは徹底して申しますと、そのことさえも実は宿業のなせるわざなのです。ここのところは非常に難しいところです。その難しいところを言おうとするものですから、親鸞聖人のお手紙のほうも私たちのうなずき方の過ちをなんとか過たないようにということと同時に、善悪浄穢を選ばない御本願の救いだということの正しさもうなずいていただきたいという両面を語ろうということですから、非常に難しいのです。

だから『歎異抄』もそのことはまちがいだとおっしゃったうえで、もし戒律を身につける身でなければ、本願を信ずることができないというのだったら、私たちにはとても本願を信じて生死をいずるということはできない。しかしそのようなあさましい身も、本願に遇うことができたからこそ、ほんとうに「げにほこられそうらえ」と言われるのです。これはいいことばだと、私は思うのです。これは、ほんとうに本願をほこることができるというような意味ではないと私は思います。ほんとうにこんな私であるけれども、本願の正機として生き得るのだなと誇れる身になるのではないですかと、こういうふうな意味だと私は了解したいのです。

そしてそこまで押さえていくと、「さればとて、身にそなえざらん悪業は、よもつくられそうらわじものを」と言われるように、身につかない、自分に縁のない悪業は、つくろうと思ってもつくれないのが本来ではありませんかと、また本来へ戻していかれるのです。

そしてそのことを具体的に、

また、「うみかわに、あみをひき、つりをして、世をわたるものも、野やまに、ししをかり、とりをとりて、いのちをつぐともがらも、あきないをもし、田畠をつくりてすぐるひとも、ただおなじことなり」と。「さるべき業縁のもよおせば、いかなるふるまいもすべし」とこそ、聖人はおおせそうらいし。

と、結んでいるのです。

こういう問題をずっと頭で考えて、善悪と、その善悪を超えた本願の救いということを具体的な生活をしている生活者としてうなずいていこうとするのはけっして容易なことではないということだけは申しておきます。そして容易なことではないということを親鸞聖人も唯円大徳も御承知のうえでこれはお書きになっているということなのです。しかし根っこへ来て押さえるならば、唯円大徳のおっしゃるように、身にそなえざらん悪業は、つくろうと思ったってつくれないというのが人間の生きている実相ですよということなのです。そのことをはっきりさせるために、漁師、狩人、商人、それから田畠をつくって生きる人々というのが挙げてあります。田畠をつくる人々というのは、土地を持たないで、田畠をつくる労力だけを提供して、そして収穫したものをすっかり取り上げられてしまうという農業をする奴隷といったらいいのでしょうか、農奴のことなのです。だから狩人、漁夫、海川の生き物を殺して生活をしていく人たち、野山の生き物を殺して生活していく人たち、あるいは盗人といわれるようなことと類似したような生活しかできない人たち、そして労働力だけ提供して、田畠を持たないで、そしてすっかり収奪をされていくような、奴隷のような生き方をしていく人たち、この四類の人たちを挙げておられる親鸞聖人のおことばを唯円大徳は押さえとして引いてこられるのです。

ここで申し上げておきたいことは、人間は平等だということです。人間は生まれながら平等、人間として平等です。それはもう「世界人権宣言」においてもそう言われておりますし、日本の憲法のうえでもそういわれているわけです。でも、みんな平等だということをどこでいうかによって、平等ということばがいちばんひどい不平等をつくるという事実があるのです。貴族も奴隷も平等だということは、ことばとしては成り立ちます。貴族も人間であるかぎり、奴隷も人間であるかぎり平等だというふうなことばとしては成り立ちます。しかし貴族と奴隷は具体的に平等ですか。貴族は奴隷を奴隷として使役して、生殺与奪の権を握っている人間なのです。奴隷は貴族と呼ばれる人たちによって、生きるも死ぬも自由にされる人たちです。そのときにどちら側に立って平等ということを言うかによって、平等ということは、人間にとっていちばん残酷なことにもなるのです。

かつて松本治一郎という人がおられまして、平等という思想が盛んになってきた戦後ですけれども、貴族あれば賤族ありということを言われました。貴族がいるかぎり、どんなに賤民がいなくなった、賤民はいなくなったと言ったとしても、貴族がいるかぎり貴に対する賤といわれる、いやしいといわれる人々はかならず作られると言い切られました。

そうすると平等ということばは、ほんとうにこの民主主義の世の中で平和、自由、平等ということは、三原則のように言われますけれども、どこに立って言うかによって、とんでもないことになるのです。それを親鸞聖人がおっしゃる平等の救い、万人平等の救いというたときに、実は最底辺に生きている人のところでそれをおっしゃった。そのときはじめて平等の救いということが具体性を持つのです。排除される人がいない、のけものにされる人がいないということが、最底辺の人のところで平等ということをおっしゃったときに言えるのです。そのときなにが平等かというと、さるべき業縁のもよおせば、いかなるふるまいもするということで人間は平等だというのです。宿業の縁が来ると、どう思おうともその縁の催しによってそういう振る舞いをしてしまうという、非常に危険な生き方をしなくてはならないという、そういう存在が平等なる人間の生き方なのです。だから人間にとっての救いはなにを救いの究極の一点にするかというと、その人間の持っている危険性をほんとうの意味で取り払うのではなくして、その危険性の危険から人間を解放するということがほんとうにできたとき、万人平等の救いということが成り立つ。親鸞聖人はそれを御本願の教えのうえに仰いだのです。ほんとうに悪を転じて徳と成す正智とおっしゃっていますから、悪をなすという縁が来れば、悪をなしてしまうのです。あるいは悲しいことに出会うまいと思っても、縁が来れば、悲しいことに出会ってしまうのです。しかしそれを転じて功徳にする。生きる人間の功徳、利益に転成、かえなしていただける、そういう教え、それが本願念仏の教えである。もしこの教えがなかったら、さるべき業縁のもよおせば、いかなるふるまいもするという人間に救いはない。こういうことをはっきりおっしゃることば、親鸞聖人のおことばをもって、非常にことばとして生活の中できちっと使って、押さえていくことの困難なことば、あるいは困難な事柄、それをいちばん最後のこの四類の人を挙げて、さるべき業縁のもよおせば、いかなるふるまいもするということにおいて、はじめて平等ということの根っこが見えるのだというふうにおっしゃったわけです。

ここまで、十分に言えたかどうかわかりませんけれども、ここまで申し上げれば、第二段目、なぜこんな主張が出てきたのか、その主張によってどういうことが起こったのかと、それに対して親鸞聖人がどのくらいのお気もちをお持ちになったのかということは、おおかたお話をしたと思いますが、最後にではそういうことを全部二段に分けましたけれども、分けましたことをもういっぺんあらためまして阿弥陀の本願が真に善悪浄穢を選ばない救いだということにほんとうにうなずき、そして私のようなものがどうして救われるのでしょうかというて、救いから身を引こうとしているような人々にも、あなたこそと呼びかけられるような、そういう人間になってこそ、阿弥陀の本願のもとに同朋になっていけるのですよという事柄で十三条を結んでいこうとするのが三段目になろうかと思います。

なむなむのことしたらんものをば、道場へいるべからず

私は、次の第三段目に説かれることが、この十三条でいちばん大事な問題ではないかという気がするのです。ちょっとさきのところを加えながら読んでいきます。

「さるべき業縁のもよおせば、いかなるふるまいもすべし」とこそ、聖人はおおせそうらいしに、当時は後世者ぶりして、よからんものばかり念仏もうすべきように、あるいは道場にはりぶみをして、なむなむのことしたらんものをば、道場へいるべからず、なんどということ、ひとえに賢善精進の相をほかにしめして、うちには虚仮をいだけるものか。願にほこりてつくらんつみも、宿業のもよおすゆえなり。さればよきことも、あしきことも、業報にさしまかせて、ひとえに本願をたのみまいらすればこ

そ、他力にてはそうらえ。『唯信抄』にも「弥陀いかばかりのちからましますとしりてか、罪業の身なれば、すくわれがたしとおもうべき」とそうろうぞかし。本願にほこるこころのあらんにつけてこそ、他力をたのむ信心も決定しぬべきことにてそうらえ。おおよそ、悪業煩悩を断じつくしてのち、本願を信ぜんのみぞ、願にほこるおもいもなくてよかるべきに、煩悩を断じなば、すなわち仏になり、仏のためには、五劫思惟の願、その詮なくやましまさん。本願ぼこりといましめらるるひとびとも、煩悩不浄、具足せられてこそそうろうげなれ。それは願にほこらるるにあらずや。いかなる悪を、本願ぼこりという、いかなる悪か、ほこらぬにてそうろうべきぞや。かえりて、こころおさなきことか。

これで終わるわけですけれども、ここの問題は二つあります。その一つは、当時、弥陀の本願が不思議におわしますとしても、悪を恐れないというのは本願ぼこりだ。だからすこしでもいいことをしなくてはいけない、そのいいことをするということが往生の大きな手立てになるのだ、こういうふうに主張する人たちが、具体的にその当時にした事柄がここに出てくるのです。どういうことをしたかというと、お念仏を称える人たちの集まり、聞法求道の集まりがあるとき、その表口に、「これこれのことをした人は、ここへ入る資格がないから、入ってはならない」、こういうはり紙をした。そしてそこへ入る人はみんな善人といいますか、いいことをする人ばかりが入れるのだというようなことが行われた。そのことについて、具体的にそういうことが行われるということは、実は大きな誤りが形を取ったのだというふうにおっしゃっているのです。みなさんは、そういうことが昔あったのかなとお思いになるかもしれません、また、それと同じ形がいまあるかどうかはわかりませんけれども、私は案外似たような思いで仏法とか宗教の集まりというものが現在でも行われているのではないかなという気がします。

たとえばここに何人かおいでになりますけれども、みなさんがたが私の話を聞くか聞かないかはべつとしまして、お互いにがやがやとしゃべり出しますと、これちょっと困ります。そうするとここでは話の間は寝ていてもいいけれども、お互いに私語は慎みましょうというような注意をし合うということは当然あることでしょう。それはやはり大事な聞法の場をよりよいものとするためにお互いに守りましょうという一つの約束事です。それはうちうちでのお互いの約束事です。みんながかってな話をし合うためにここへ集まってきたのではない。仏法を聞くために集まってきたのだから、仏法のよく聞けるためにそういうことをする。これは当然あってしかるべきことだと思うのです。

ところがそれを表へ出しますと、どうなるかというと、「この道場へはこれこれのことをしたものは入る資格がない」とレッテルはってしまうことになるわけです。そうするとその道場に入るためには、資格が要ることになります。ではどういう資格が要るかというと、悪いことをしなくて、いいことをするという資格が要るのです。

いままでずっと諄々と説かれてきたことが、最後にこういう形を取って現れるわけです。このような在り方は、たしかに今日同じだとは申しませんけれども、多くの宗教集団の集まりで、学習会でも聞法会でもなんでもいいですけれども、そういう集まりのときに、案外こういうことが条件として表に立てられているのではないかと思うのです。これはちょっと注意をして御覧になるとすぐわかります。やはりいいことをした人でないと、そういうところへは集まれない。しかし実際のところは、ちょっと皮肉に申しますと、いいことができないから集まっているのではないでしょうか。だっていいことが思うとおりにできるのだったら、こんなところへ来なくてもいいでしょう。黙っていいことをしていればいいのです。だからいいことのできない人間が、このようなところに来るのです。いいことをしたいけどもできない。できないけども、ほっておけない。どうしたらいいのだというようなことが心の根っこにあるのです。いいことをしたいけどできないし、悪いことはしたくないけれども、やってしまう。そんな自分がどうすればこの一生を全うしていけるのだろうかという問いが、聞法求道という場へ自分を押し出してくるのでしょう。いいことばかりできる人なら、わざわざこんなとこへ来て、私の話を聞く必要なんかないですよ。

そういう人たちのためにある宗教の集い、宗教の集まりであるにもかかわらず、表に、「これこれのことをしたものは入ってきてはいけない」、こういうふうにはり紙をされたらどうなります。私はとてもここへは入れませんといって帰っていかれるかたは正直なかたです。

それに対して、「いや、こういうことは書いてあるけれども、私は入っていける」として入ってこられるかたは、はっきり申しまして、自分に対して不正直というか、甘い人です。自分を甘やかしている人です。「なになにのことしたらんものは道場に入るべからず」という、こんなはり文をしている道場へ入っていけると思っている人たち、そういう人たちは、賢善精進の相をほかにしめしている人だといわれるのです。賢善精進というのは字のとおりです。賢は賢い、善はいい。賢くてよくて、そして事柄に精進をしていく、いわゆる努力をしていくということです。賢い人で、善人で、しかも一歩一歩と善を修していくことに努力をしていく、そういうことを表の姿として表している人だというのです。だけどそれは表の姿であって、「うちに虚仮をいだけるものか」といわれるように、内側にはそれとは裏腹の心があるのです。そういう自己欺瞞、偽善者の集まりが結局そういう集まりをつくるのでしょう。そしてそれは、親鸞聖人の教えの御趣旨とはまったく縁もゆかりもないものなのだと、きついことばでおしかりになっているのです。善導大師が『観無量寿経』を御解釈になった『観経疏』という書物の中で、信心というのがどういう事柄として人間の心の中に起こってくるのかを解説されているところがあります。『観無量寿経』では、至誠心、深心、廻向発願心の三心が説かれているのですが、そのいちばん最初が至誠心です。まず至誠、誠をいたす心を起こしなさいとお釈迦さまが教えられているのです。まず誠をいたす心を起こしなさいといわれて、まず信心しなさいとはおっしゃらないのです。信心を明らかにするために、まずあなたは誠をいたす心を起こしなさい、こういうようにお釈迦さまは語りかけてくださるのです。

このお釈迦さまの教えというのは、どういう意味があるのかといいますと、まずあなたがたが求めている、あなたがたが意識の底のほうで求めており、どこかでそれを自分に期待をしている、誠をいたすという心を起こしなさいということなのです。ただ誠の心でおれというのではないのです。誠をいたす。至というのは至上の至ですから、これよりうえの誠なしというのが至です。そうすると、誠をいたす心を起こせとおっしゃられて、「はい、起こします」といって、そして起こそうとして一足踏み出したとき、なにが見えてくるかというと、誠とはほど遠い自分の姿しか見えてこないのです。お釈迦さまの至誠心の教えというのは、このように具体的にその人間の心の根っこに語りかけてくるような教えなのです。『観無量寿経』に説かれるこの至誠心を善導大師が「外に賢善精進の姿を表して、うちに虚仮をいだくことを得ざれ」、こういうふうにまず解釈なさいました。表側だけ賢善精進の姿を表して、心の中にそれとは裏腹の虚仮の心をいだくようなことがあってはいけません。こういうふうに善導大師はお書きになっています。それが普通でしょう。普通というのは、そういうことが至誠心を起こせといわれたことに対して、では至誠心を起こしていく私になりましょうと、正直にうなずいた仏弟子の姿だということです。だから内と外とが、表の姿と内の心の内面とが相応している、そういう生き方でなければ、ほんとうに至誠心を起こしたというわけにはいかない。だから外に賢善精進の姿をあらわして、内に虚仮をいだくようなことがあってはならない、こう自分に言い聞かせながら自分を策励していくわけです。

ところが、やればやるほど見えてくるものはなんであるかというと、至誠心を起こせない自分でしかないということです。そういう自覚を踏まえて、親鸞聖人はそのおことばを、「外に賢善精進の相を現ずることを得ざれ、内に虚仮をいだけばなり」、こう読まれました。外に賢善精進の姿を表すようなことをしてはならない。なぜならば、内は虚仮の心でしかないからだ、こう親鸞聖人は読み切られたのです。善導大師は、外に賢善精進の姿を表して、内に虚仮をいだくような、そういう外と内とが相応しないようなことではいけませんよ、だから相応するように努力しなさい、こういうふうに読まれたわけです。ところが親鸞聖人は、外に賢善精進の姿を表してはならない。なぜならば内は虚仮の心でしかないからだ、こう読み切られたのです。そういうことが実はありまして、このことばが生まれてきたのです。

いまのはり文をして「なにのことするものは道場へ入るな」という、そして善人ばかりが道場へ集まって、善人らしい顔をして、いいお話ばかりしているというようなこと、そのことが実はひとえに賢善精進の相をほかにしめして、うちには虚仮をいだいているということの具体的な証拠ではないか。そういうところで御本願がわかるはずがないでしょう。自分はいいことをしていると思っていて、そのいいことが往生の助けになると思っているのですから、そういうところで御本願のわかるはずがないでしょう。にもかかわらず、

本願念仏のお み法を聞くということが主眼となっている道場にそういうはり文をして、善人ばかり集まるようなことを要求し、集まっているということは、偽善者の集まりであり、偽善者であることが本願にかなうと勝手に思う、その思いがどれほど過ちであるかということぐらいははっきりわかっていいのではないですかというのが、ここの押さえです。

よきことも、あしきことも、業報にさしまかせて

私はかつて、非常に印象深いお話を聞いたことがあります。それは法律関係のお仕事をしているかたでした。裁判官とか判事さんとかいうかたは、たいへんなお仕事だと思います。人間が人間の善悪を裁き、そして極刑という形で死刑を宣告するということがあるでしょう。死刑は殺人でないのでしょうか。私は死刑反対者なのです。それはなぜかというと、この『歎異抄』のおことばによってそのことを教えてもらったのです。さるべき業縁のもよおせば、いかなるふるまいもするということは、悪いことばかりするということではありません。業縁が催すならば、極悪非道といわれる人も、どういう人間になるかはわからないということなのです。ところがその可能性をさきに断ち切ってしまうのが死刑で

しょう。いくらその人間が世間で許すことのできない人間だと申しましても、それはそのときの状況でありまして、なにかの縁に会うならば、その縁に会ったことによって新しい人間になっていくというのが人間の生きている事実です。その生きている事実を断ち切るということは、これはやはり殺人としかいいようがありません。私はそういうふうに考えておりますから、死刑を殺人とはいいませんけれども、いわゆる死刑反対論者の一人なのです。

世界じゅうに死刑反対の国はたくさんあります。だいたい死刑というのは、どうしても憎しみで殺していくような感情が残りますし、やはりそのへんは整理しなければいけないと思います。話は変なところへ行きましたけれども、とにかくなににいたしましても、やはり法律にかかわる人たち、弁護士にしても、裁判官にしても、検事にしても、それぞれのお立場がおありでしょうけれども、これはもうほんとうにたいへんなお仕事だと思います。人間が人を裁く、人間が人の善し悪しを決める。仏さましか決められんことを人間が決める。これはたいへんなお仕事だと思います。そしてそのたいへんなお仕事が世の中に必要だということもわかりますし、そしてそのお仕事のたいへんさをほんとうに誠実に知っておられるかたがたくさんおられると思います。

そのお一人ですけれども、自分はそういう仕事に就いていて神のなすべきことを代わりになしているようなものだから、自分は自分自身を最小限度律していかなくてはならない。最小限度自分は正しいこと、よきことをしていくように努力しなくてはいけない。こう思い詰めていたかたがおられまして、そのかたがそのあかしを自分にわかるようにしようと考えられたのです。そこで自分の部屋の一つの柱に一日が終わって夜床に就こうとするとき、自分の一日をじっと振り返ってみて、きょうはさして悪いこと、さして過ちということは犯していないと思ったならば、釘を打たない。また、じっと自分の一日を振り返ってみて、やはり正しいことをやってきたとは言い切れないという心が起こったときには、釘をその柱に打ち込む。こういうことを自分に課したのです。

そして毎日毎日自分を省みて、正しいことをやったと言い切れないときにはずっと釘を打っていかれたのです。

それほど自分に厳しかったかたですが、ある日、きょうは私としてもけっしてひとさまにとやかく言われることはしていないと自信持って言えるという日が一日あったそうです。それで釘を打たなかった。打たなかった途端に、いままで打ってきた釘の数がぱっと目に入ったというのです。こんこんこんと金槌で釘を打つのですけれども、毎日それを打っては自分の心を問うておったわけでしょう。きょうは大丈夫というか、きょうはほんとうにすくなくとも自分の仕事、職責を全うしていく人間として過ちを犯してはいないと思ったとき、当然釘打たないのですから、そのときはむしろ喜ぶべきことでしょう。ほっとすることでしょう。そういう日が一日でもあったならば、ほっとできるはずだったのに、その一本の釘を打たなかった、その目でずっと柱を見ましたら、その柱に打ち込まれている釘のあまりにも多すぎる数に慄然としたというのです。そしてそのかたはこう言っておられるのです。「自分はひとを裁くどころではない。自分自身をも裁き得ない人間だ。こういう自分がどうしたならばほんとうに生きていくことができるのだろうかと思い、一方ではそんな自分が他人を裁いてきたということは、だれにおわびを言うても許されないことを自分はやり続けてきたのではないだろうか」と反省されたのです。そして実はそういうことを通してここの『歎異抄』の十三条のおことばがはじめてわかったといわれるのです。

『歎異抄』が教えてくださるとおり、ほんとうに賢善精進の姿を表にだけ表して、内には虚仮いっぱいで生きておる自分が人を裁いている。こんなあつかましいことが許されておる。これはほんとうにだれにおわびを申しても許してもらえるようなことではないし、こんな自分が一生を終わっていくのだけれども、これでいいのだろうかと気付いたとき、この『歎異抄』のおことばがほんとうに温かいことばとして聞こえてきたというのです。そしてこういうことを教えてくださるかたが親鸞という人だったのかということで、親鸞聖人のお教えを聞くようになられたのです。しかしけっしてその法律関係の仕事をやめられたのではありません。そういう思い、心の大きな転換をくぐって、そしてやはり自分に与えられた天職と申しますか、その職を自分を責めながら誠実に行って、定年を迎えられたのです。

私がいろいろと御説明するよりも、その一つの例で十分におわかりになるのではないでしょうか。たまたま法律に関係し、人を裁くお仕事をしているかたですから、そのかたがまず至誠心を起こせというお釈迦さまのおことばに従ったごとくに、自分も至誠心を起こしていこうとしていったとき、柱の釘の数の多さに自分の真実の姿をはっきり知らしめられたというのです。

それの反対に、自分は善人だから往生できるのだというような大きな思い違いをして、そして悪を恐れないということは本願ぼこりだというようなことをいって、人々を脅しているということ全体が、実は大きな過ちなのです。実は御本願にほこって、御本願に甘えて生活している中でつくる罪も宿業のもよおすゆえではないでしょうか。だからこそ、

「よきことも、あしきことも、業報にさしまかせて、ひとえに本願をたのみまいらすればこそ、他力にてはそうらえ」といわれるのです。ここまできますと、はじめてなんかスッと気もちの中にうなずきが出てくるのではないでしょうか。

ただここに、「業報にさしまかせて」と、業報ということばがあります。「よきことも、あしきことも、業報にさしまかせて、ひとえに本願をたのみまいらすればこそ、他力にてはそうらえ」。ほんとうにいいおことばだと私は思います。けれども、業報ということばが宿業ということばとよく似て、悪い印象を長い歴史の中で私たちに与えてしまったのです。極端なことになりますと、なんか体の調子が悪い人を見て、「ああ、気の毒やな、あれは業の報いや。よほど前世の種まきが悪かったのやな。その報いでああなったのや」というでしょう。こんな残酷なことをもし親鸞聖人がおっしゃったのだったら、私は親鸞聖人と喧嘩しますよ。業報という字は、悪いもいいもないのです。行いの報いとして現れたというだけのことであって、悪く現れたとか、よく現れたとか、そんな価値評価はないのです。

それはどういうことかと申しますと、私がいまここにおります。六十七歳ですけれども、六十七年間私はいろいろなことをやってきました。そのやってきた結果がここにいる私なのです。これが業報であり、業報の身なのです。六十七年も生きてくれば、いろいろな目にも遭いましたし、いろいろなこともやってきました。いいも悪いも、ほんとうにやってきたといっていいでしょう。その全部がいまの私の中身です。どれ一つを外しても、いまの私はいないのです。とすると、ここにこうやって立って話をしているこの身は業報の身です。

自分が自分を作っていくのです。人間は四十歳になったら、自分の顔に責任を持てということばがあります。ほんとうは、四十歳にならんでもいつでも責任持たなければいけないのです。自分のやったことが自分を作っていくのです。

だからここでいわれる業報というのは、さきほどの前世の種まきが悪いからこういうことになった、ああいうことになったというふうなことではなくて、この字のとおり、行為の報いがこの身の事実であるということなのです。その身の事実がいいと思うことであろうが、悪いと思うことであろうが、そんなことに引きずり回されないで、その身全体を本願にうちまかせて生きていく身になるということこそ、ほんとうに他力のお救いの中に生きる身になるということでしょう。そうだからこそ、いいことをしなくてはいけない、悪いことをしてはいけないというようなことでびくびくする、そういう不安から解放された生き方ができるようになるのです。私はほんとうに、この十三条の中でここまでまいりますと、ああ、そうかなというようなうなずきを得ることができるような気がいたします。

『歎異抄』の第十三条では、「さればよきことも、あしきことも、業報にさしまかせて、ひとえに本願をたのみまいらすればこそ、他力にてはそうらえ」と、だいたいここで誤った考えを主張する人々の過ちを正しながら、親鸞聖人の本願に乗托していく身の事実をきちっと押さえられたわけです。そういう意味では、第十三条のお教えはここでいちおう終わっているのです。終わっているというのは、いちおう言おうとなさることはここへ帰結されていく。ここへ最終的にはお話を持っていこうということで書かれているわけなのです。ですから第十三条というのは、本願は不思議なお力を持っておられるとはいっても、いいことをすこしもしないというのは本願に甘えているのだという考え方は、本願を疑っていることだというふうにおしかりになっておいて、では本願を信ずるということはどういう姿で生きていくことかというと、よきことも、あしきことも業報にさしまかせて、その業報の身そっくりを本願にお任せをして一生を生きていくということである。それが本願のお救いということなのだから、それを他力と親鸞聖人は教えてくださったのだと、このようにきちっと筋道を通してお話になっているわけです。

『唯信鈔』のことば

最後に残ったのは、『唯信鈔』のことばです。

『唯信鈔』にも、「弥陀いかばかりのちからましますとしりてか、罪業の身なれば、すくわれがたしとおもうべき」とそうろうぞかし。

阿弥陀さまにどれほどの力があるとしても、この罪悪深重の身を思ってみるならば、とても救われるものではないとどうして考えるのであろうか、ということが、『唯信鈔』というお聖教にも書いてあるではありませんかといって、『唯信鈔』の文をここへ出してきておられるのです。

『唯信鈔』をお書きになったかたは聖覚法印ですが、親鸞聖人よりお年は六つ上の先輩です。また法然上人のお弟子の中でいちばん親鸞聖人が信頼をしておられたかたでもあります。親鸞聖人は、関東のお同行の人たちの中でいろいろな惑いを起こす人たちに、『唯信鈔』を読みなさいといって『唯信鈔』を写しては関東へ送っておられたのです。今日でも親鸞聖人が書写された『唯信鈔』が六通残っています。それに親鸞聖人は『唯信鈔』のおことばはこういう意味ですよという御解釈をつけた、『唯信鈔文意』という書物を書いておられまして、その書物もまた三回書写しておられます。

ほかにも写して、関東のお同行に送られた書物がたくさんあったのだと思いますが、この『唯信鈔』の場合には、関東のお同行にお読みなさいといって渡されたということに大きな意味があると思います。その大きな理由は、法然上人のお弟子の中で、唯信、ただ信心というふうに法然上人の教えを聞き取ったかたは聖覚法印以外お一人もないのです。やはり法然上人のお教えというのは、お念仏を申せという教えでしょう。『歎異抄』の第二条でも、親鸞聖人御自身が、「ただ念仏して、弥陀にたすけられまいらすべしと、よきひとのおおせをかぶりて、信ずるほかに別の子細なきなり」とおっしゃっていますから、やはり法然上人は同朋の人たちに向かって、ただ念仏申す身になりなさいと説かれたのです。ああなりなさい、こうなりなさいではなくて、ああなっておっても、こうなっておっても、ただ念仏申す身として生きていきなさいということを言い続け、そのこと一つですべての人が平等に救われていくという道を明らかにしてくださったのが法然上人です。そのようにただ念仏する身になって救われていきなさいという教えですから、それを聞いた側は、「はい、ではただ念仏していく身になります」、こう聞くのが普通です。

そうするとどうしても念仏という行、南無阿弥陀仏、南無阿弥陀仏とお念仏を称えるということが主になって表へ出てくるのです。ですから法然上人のお弟子がたのお書きになったものは、ほとんどお念仏を称えるということに中心が置かれている。それはやはり無理のないことです。ところが聖覚法印は、お念仏を称えるという形で書かないで、お念仏申せという教えを聞いて信ずるのだ。そのほかにはなにもないのだということを内容とするために、本の題を『唯信鈔』とされたのです。親鸞聖人は、『歎異抄』の第一条でも、「弥陀の本願には老少善悪のひとをえらばれず。ただ信心を要とすとしるべし」といわれましたけれども、ただ信心が肝要であるとはっきり言い切れるために大きな力になってくださったのが、この『唯信鈔』を書かれた聖覚法印がおいでになったからだと私は思います。『教行信証』にいたしましても、親鸞聖人の教えは、信心為本といわれますように信心を本とする教えです。しかしそれは、念仏を本とする教えとべつな話ではないのです。念仏せよといわれたときに、「念仏します」と答えるのがストレートな答え方なのか。それとも念仏しなさいと言われたときに、「はい」と返事するほうが素直なのか。どちらが素直なのでしょうか。「念仏しなさい」「はい、念仏します」と、わざわざ念仏するということを言うほうが素直なのか。それとも「念仏申す身になりなさい」「はい」と、どっちが素直なのでしょうか。私は、「はい」のほうが素直だと思います。その「はい」というのを唯信というのです。「ただ信ず」ということばで表すのであって、「はい」というのは無条件です。その「はい」が唯信なのです。

だから親鸞聖人の言う御信心というのもその「はい」なのです。「よきひとのおおせをかぶりて、信ずるほかに別の子細なし」というのですから、信というものは「はい」という、その返事と同じ性格のものなのです。だから『唯信鈔』をお書きになった聖覚法印を、親鸞聖人はある意味でほんとうにお手本になさったのです。

その『唯信鈔』の中に、さきほど読みましたおことばがあるのです。そこのところを読んでおきます。

よの人のつねにいわく、「仏の願を信ぜざるにはあらざれども、わがみのほどをはからうに、罪障のつもれることはおおく、善心のおこることはすくなし。こころつねに散乱して一心をうることかたし。身とこしなえに懈怠にして精進なることなし。仏の願ふかしというとも、いかでかこのみをむかえたまわん」と。

ことばは変わっていますけれども、仏の願いがどんなに深いからといっても、こんな愚かな身をお迎えくださるということはできないのではないだろうかという疑いを持つという

のです。それに対して聖覚法印は、

このおもいまことにかしこきににたり、憍慢をおこさず高貢のこころなし。

とおっしゃっています。こういうふうに考えるということは一見まことにかしこい、いわゆるほんとうに素直で、そして見事なうなずきを持ったかたのことばのように聞こえる。そしてつめのあかほどもたかぶった、高慢な心もない。そういうおごりの心もない人のことばのように一見思えるけれども、そのことが実は仏の不可思議の力を疑うという過ちを犯しているのだ、こういうふうに『唯信鈔』は続けていかれるのです。

そして、

仏いかばかりのちからましますとしりてか、罪悪のみなればすくわれがたしとおもうべき。

最後にきちっとこうおっしゃっています。仏さまがどれほどのお力がおありになろうとも、罪悪の身はとてもお救いいただくわけにはいきますまいというようなことを自分で決めていくということは、広大無辺ということばがございますけれども、文字どおり広大無辺、すべての人を平等に救うという教えを限定してしまうということになる。私のような罪人はとてもお救いいただけないでしょうというたときに、仏さまの御本願のお力に限定をつけるわけでしょう。一見私のようなというて、ほんとうに謙虚な心でいうているように見えるけれども、その謙虚さが本願を疑うという大きな過ちを犯している。だからほんとうはそんなことを考える必要もないし、そんなことを計らう必要もないのです。実は親鸞聖人はそういうことも含めて自力とおっしゃったのです。

さきにも触れましたが親鸞聖人は、自力ということをこういうふうにはっきりおっしゃっておられます。

自力というは、わがみをたのみ、わがこころをたのむ、わがちからをはげみ、わがさまざまの善根をたのむひとなり。

こうおっしゃっています。自力というのはどういうことかというと、わが身を頼む。私の力でこういうこともできるであろう、こういうこともやれるだろうと、こういうようにわが身を頼む。そしてわが心を頼む。私の心がよければいいことをやることができるであろうと、わが心を頼む。

そしてこんどは、わが力を励むというのです。これがさっき書きました賢善精進の精進ということです。わが力を励むのですから、一生懸命になっていいことしようというのです。そしてわがさまざまの善根をたのむ。そのことの結果、起こしたと自分で考える善根をもって浄土に生まれようと思う。そういう思いで生きているのを自力の人、自力作善の人、こういうのだとおっしゃっています。

また反対に自力の心を捨てるということについても解説をしておられます。

自力のこころをすつというは、ようよう、さまざまの、大小聖人、善悪凡夫の、みずからがみをよしとおもうこころをすて、みをたのまず、あしきこころをかえりみず、りっぱな聖人も、あるいは善人、悪人といわれるような凡夫も、みんな平等に自らが身をよしとおもうこころをすてろといわれるのです。私は、そうは悪人ではない。私は善人だとはいわないにしても、悪人ではないのだと、自らの心と自らの身をよしとおもうこころをすて、「みをたのまず」、その次に「あしきこころをかえりみず」とおっしゃっています。流布本ではこの部分が「あしき心をさかしくかえりみず」となっています。そのほうがよりはっきりしていると思うのですが、自分はとてもひとさまの前に顔を出せるような心ではないといって、利口ぶって反省をしておるというような姿を見せるのも自力だといわれるのです。私はこれがいちばんきついと思います。わが身を頼むとか、わが力を頼むとか、わが心を頼むとかいうほうは、いわれれば「ああ、そうかな」というけれども、自分は救われない人間だとか、自分は悪い人間だとかいうことを、利口ぶって、さかしくかえりみるというのです。

ついでに申しますけれども、慢ということが仏教でいわれます。自慢、高慢の慢で、たかぶっているということばです。だから慢というと、普通に考えると、肩をいからせるのが慢だとお思いになるでしょう。ところが慢の中でいちばんたかぶっている慢は卑下慢なのです。私のようなものはとても駄目でしてというて、これがいちばんの慢、いちばんたかぶった心なのです。仏教ではそういっています。

案外宗教はここでひっかかるのです。私のようなおぞましいものがといったとき、それをさかしくかえりみる心でいっているかぎりは、それは高慢なのです。自慢しているのです。人間はなにもいいことばかり自慢するとはかぎらないのです。おれは悪い人間だというのも、実は涙流しながらの自慢であるという厄介な生き物を人間というのです。ともかくそういうものを全部ひっくるめて自力と親鸞聖人はおっしゃるのですから、自力の信心というのはそれでおわかりになるでしょう。そういう要素が入っている信心は全部自力作善です。そういう心で善をなすということを自力作善というのです。自力の心で善をするということです。

本願にほこるこころのあらんにつけてこそ

ところがここでは、もうひとつ大きい問題があります。たしかに『唯信鈔』のおことばを引いて、本願はいかなる人も救うのだから、自分のようなものがというようなことを思うべきではない、こうおっしゃってはおられるのですが、私はそれだけではなくて、当時関東のほんとうに地をはうようにして生きておった人々の中には、なにも高慢な心ではなくて、あるいはさかしくではなくして、いくらなんでも私のようなこんな罪深いものが救われるはずがないと思う人たちが多くいたと私は思うのです。その当時の社会の状況の中で最底辺に追い込まれた人たち、そしてみんなから、いし、かわら、つぶてのように扱われる人々が、ほかの人たちといっしょに救われていくというようなことは、どうしても了解できないと、ほんとうに絶望の底を生きなくてはならなかった人たちが、私は親鸞聖人の周辺にたくさんおいでになったと思うのです。そのかたがたに自信を与えるおことばでもあるのです。罪深いから救われないということはありません。人間であるかぎり、すべて平等に救うという御本願なのです。人間の世界の中で、人間扱いされないような生き方をしなくてはならないあなたがたこそ、実は阿弥陀さまの本願の正機なのです。こう呼び掛けていかれたのが親鸞聖人だと思います。だからこのおことばは、単にさかしくかえりみるという面だけではなくて、そういう人々の救いを明らかにしていくことで、本願のお救いということを明瞭にされたものだと思うのです。ですから逆に、すこしでもいいことをしなければ往生できないというようなことを言うことは、いよいよそういう人々を絶望の底へ底へと突き落としていくという結果になるということなのです。そういう問題まで含んで親鸞聖人の教えの意義を明らかにするために、この最後のところにいちおうお話の筋は終わったところで、『唯信鈔』のことを引いてもうひとつ押さえをなさっているのです。法然上人がお出ましになる以前の日本の仏教の多くは、みんなお金持ちであるとか、位の高い人であるとか、権力を持った人であるとか、そういう人たちによって独占されていたわけです。そしてほかの人たち、下積みになって働いて苦しんで、一生を生きていく人たちは、お救いから外されていたのです。その人たちに対して、あなたがたこそほんとうに阿弥陀さまが本願を起こして救おうと願わなくてはならなかった正機なのですよということをはっきりさせてくださったのが親鸞聖人の仏教の御了解なのでしょう。だからそういうことをやはり今日でも私たちはこの第十三条を通して知らせていただかなくてはならないと思います。

そこまでまいりますと、こんどはこのへんが『歎異抄』をお書きになった人の、ある意味ですごいところと申しますか、またある意味で実に見事な逆転をなさるところだと思います。造悪無碍ということを批判するときに、「くすりあればとて、毒をこのむべからず」という親鸞聖人のお手紙を出されておりましたけれども、親鸞聖人がそうおっしゃったことまでひっくるめて、実は最後に『歎異抄』でははっきりそのことを言い切っていくのです。どうおっしゃるかというと、

本願にほこるこころのあらんにつけてこそ、他力をたのむ信心も決定しぬべきことにてそうらえ。おおよそ、悪業煩悩を断じつくしてのち、本願を信ぜんのみぞ、願にほこるおもいもなくてよかるべきに、煩悩を断じなば、すなわち仏になり、仏のためには、五劫思惟の願、その詮なくやましまさん。本願ぼこりといましめらるるひとびとも、煩悩不浄、具足せられてこそそうろうげなれ。それは願にほこらるるにあらずや。いかなる悪を、本願ぼこりという、いかなる悪か、ほこらぬにてそうろうべきぞや。かえりて、こころおさなきことか。

といわれるのです。「本願にほこるこころのあらんにつけてこそ、他力をたのむ信心も決

定しぬべきことにてそうらえ」と、本願に甘えるというけれども、その本願に甘える心があるからこそ、あるいはあることによって、他力をたのむ信心が決定していくということがはっきりいえるのではないでしょうかと、そこまで言い切ってしまうのです。親鸞聖人はちょっと困ったなということで注意をなさったことも、いくら困ったことでも、縁が来なければ悪いこととしませんよと、はっきりいえばそこまで『歎異抄』をお書きになった唯円大徳は言い切っていくのです。だから「おおよそ、悪業煩悩を断じつくしてのち、本願を信ぜんのみぞ、願にほこるおもいもなくてよかるべきに」とおっしゃっていますから、もし悪業や煩悩を完全に自分でなくしてしまって、そしてそれから本願を信ずるということであるならば、本願にほこる、本願に甘える思いもないということがいえるでしょう。だけど煩悩を断じ尽くしてしまったら仏さまになってしまうと書いています。このへんがもう皮肉に近い、切れ味のいいものの言い方です。悪業煩悩を断じ尽くして本願を信ずるということであるならば、それは本願にほこるということはないでしょう。本願に甘えるということはないでしょう。だけどよく考えてみなさい。煩悩を断じ尽くしたおかたをどういうかというと、それ仏さまというのだ。仏さまのために仏さまがなんで五劫思惟の願をたてなくてはならんのですかと、こういう言い方をなさるのです。煩悩を断じ尽くす、それはすなわち仏になるということだ。「仏のためには、五劫思惟の願、その詮なくやましまさん」とおっしゃいますから、煩悩を断じ尽くしてから本願を信じるのだったら、本願ぼこりと言わなくてもいいに違いない。しかし煩悩を断じ尽くしたら、もう仏さんなのだ。仏さまのために五劫思惟という御苦労をなさった本願を仏さまがお立てになっても、なんの所詮もないことではないですかと、仏さまのために願はいらんよ、こう言い切っているのです。

私はこのへんが『歎異抄』の率直なところだと思います。このへん、すぱっと切り込んでいく切れ味のよさです。

そしてそれからあとにこんどは、本願ぼこりといましめようとしているあなたがたも、そんなこと口で言っているけれども、ほんとうは煩悩を具足していて、清浄でないこころを身につけていま生きておるのではないでしょうか。偉そうなことをおっしゃっておられるけれども、結局は煩悩不浄でしょう。そういうことがあなたの真実の姿ならば、それは願にほこっているということにはならないのですかと、だんだん詰めていかれるのです。そしてさらに、いかなる悪をおこしたのが本願ぼこりというのですか。いかなる悪がほこらない、本願にほこらない悪だというのでしょう。その区別をどこでつけるのですかといわれるのです。さるべき業縁のもよおせば、いかなるふるまいもするというのが人間なのだから、本願にほこる悪、本願にほこらない悪というようなことは区別がつかないでしょう。ここまで来てみると、あなたがたの主張していることは、一見ごもっともらしく見えるけれども、「かえりて、こころおさなきことか」、かえって浅い了解にしかすぎないのではありませんかというのです。見事な結び方だと思います。

こういうことで『歎異抄』の十三条終わっておきますけれども、私の話はガイドブックみたいなものでして、御案内役ですので、またなにかのことがございましたら、思い起こしながらお読みになると、私の言うたことよりももっともっと了解が行き届いていかれるのではないかなと思います。

あとがき

岐阜県郡上郡八幡町に自照会という聞法の会が誕生したのは一九七四年七月であり、その集いは十九年を経た今もなお続いている。しかも、その第一回目から私は「歎異抄のこころ」ということで、思うが儘ではあるとしても一応は逐条的に話をさせて頂いており、約六十回近くなるのだが、現在ようやく第十六条を話し終ろうとする処まで辿りついたという、実にテンポの遅い話である。

自照会の外でも『歎異抄』の話はさせて頂いてはいるが、これほど長く時間を掛けたことはない。それは自照会だけ丁寧に話しているということではない。理由は私の我儘を許容してくれる郡上八幡の風土と一つになった浄土真宗土壌の深さによるものである。

しかし敢て率直に言わせてもらうならば、そうした土壌の深さは『歎異抄』の語り掛けと真向かいになることを拒む頑なさともなりがちである。その両面からして自照会での『歎異抄』の話は、私自身の『歎異抄』領解を、どこまで正直に語れるか、しかもその領解自体が妥当なものであるかどうか、それを厳しく糺し試される性格を保持し続けるものであった。

そうした厳しさをひしひしと実感させられつつ話したのが、七回の時を必要とした第十三条であった。もちろん一応は連続した話の中のひとつであるから、前後の章との関係も心に掛けてはいたが、むしろ第十三条から生起して来る課題とそれについての確かめ、更には、人間にとって最も根深い謎、といったことを歯に衣を着せることなく、問題を提起するつもりで話したつもりである。しかし、全体としてもそうであるが、ことに宿業については余りにもその核心から遠く隔っていることを痛感せざるを得ない。

ともかくもその第十三条だけの話を独立の読み物にしてくださったのが本書である。整理してくださった原稿を読み直し、自らの思考の粗雑さを恥じながらも、法藏館編集部の和田真雄氏のご苦労を思い知らされ、また万端にわたっての法藏館主のご厚情を思い、心よりお礼を申したい。また自照会の皆様との深いご縁の有難さを改めて思うことである。

一九九三年十月

聞光舎主　廣瀬　杲

著者略歴

廣瀬　杲（ひろせ　たかし）

1924年京都市生まれ。大谷大学文学部卒業。大谷大学元学長。大谷大学名誉教授。文学博士。私塾聞光学舎主幹。2011年12月逝去。

著書

『宿業と大悲』『真宗救済論―宿業と大悲―』『歎異抄の諸問題』『歎異抄講話　高倉会館法話集　全４巻』『観経疏に学ぶ』『廣瀬杲講義集』『観経四帖疏講義　玄義分・序分義ⅠⅡ』『観経四帖疏講義　定善義ⅠⅡⅢ』『観経四帖疏講義　散善義ⅠⅡⅢ』など多数。

新装版　親鸞の宿業観

歎異抄十三条を読む

一九九三年一一月三〇日　初　版第一刷発行
二〇一八年　八月二〇日　新装版第一刷発行

著　者　廣瀬　杲

発行者　西村明高

発行所　株式会社　法藏館
京都市下京区正面通烏丸東入
郵便番号　六〇〇－八一五三
電話　〇七五－三四三－〇〇三〇（編集）
〇七五－三四三－五六五六（営業）

装幀　山崎　登

印刷・製本　亜細亜印刷株式会社

ISBN 978-4-8318-6556-4 C1015